为什么是紫南？

乡村治理“紫南模式”70问

林焕辉　段思午　主编

南方日报出版社
NANFANG DAILY PRESS
中国·广州

图书在版编目（CIP）数据

为什么是紫南？ ：乡村治理“紫南模式”70问 / 林焕辉，段思午主编. -- 广州 ：南方日报出版社，2021.6(2022.7重印)
ISBN 978-7-5491-2370-4

Ⅰ. ①为… Ⅱ. ①林… ②段… Ⅲ. ①农村－社会主义建设－经验－佛山②农村－群众自治－经验－佛山Ⅳ. ①F327.653②D638

中国版本图书馆CIP数据核字(2021)第093165号

WEISHENME SHI ZINAN
为什么是紫南？——乡村治理“紫南模式”70问

主　　编：林焕辉　段思午
出版发行：南方日报出版社
地　　址：广州市广州大道中289号
出 版 人：周山丹
责任编辑：刘志一　李　哲
装帧设计：肖晓文
责任校对：裴晓倩
责任技编：王　兰
经　　销：全国新华书店
印　　刷：广州市尚铭印刷股份有限公司
开　　本：889mm×1194mm　1/16
印　　张：13.75　彩插：0.5
字　　数：140千字
版　　次：2021年6月第1版
印　　次：2022年7月第4次印刷
定　　价：58.00元

投稿热线：（020）87360640　读者热线：（020）87363865

紫南村民委员会大楼

紫南村现任“两委”班子

2020年8月28日，紫南村入选广东省“乡村振兴大擂台五强村”

鸟瞰紫南村

紫南村人居环境整洁靓丽

“紫南船说”水乡码头

紫南村洛神云筑民宿

广府家训馆

佛山好人馆

紫南村史馆

紫南村农家书屋

阿农湾农耕文化园“网红”小火车

紫南村荣誉墙

编委会

策　划：李仕亨　邓建忠

主　编：林焕辉　段思午

统　筹：谢泽斌　韩士超　卢新勤

撰　文：罗湛贤　李晓玲　李晓莉
陈远志　潘汉基　卢新勤
姜美珍　潘嘉欣

序 言

走向城乡融合的乡村治理创新

□ 徐勇

乡村治理与整个现代化进程相适应，中国正处于全面建成小康社会到社会主义现代化强国的大转型之中，乡村治理处于“大变革”的时代。在时间上，中国乡村治理经历了传统乡土中国时期、新中国成立后的城乡二元结构时期，现在正处于城乡融合发展时期。随着乡村建设行动和新型城镇化等推进，工农城乡关系迎来巨变，乡村治理所依赖的经济社会基础正在发生深刻的变化。2021年的中央一号文件提出，要坚持把解决好“三农”问题作为全党工作的重中之重，把全面推进乡村振兴作为实现中华民族伟大复兴的一项重大任务，举全党全社会之力加快农业农村现代化，让广大农民过上更加美好的生活，其中加强党的农村基层组织建设和乡村治理是重要的工作内容。新时代，面临新情况和新问题，中国乡村治理应走向何方仍然需要在实践中不断探索和创新。

一、快速城镇化进程中的乡村治理问题

中国是一个超大规模的国家，社会的转型在一定程度上也存在地区差异，而在乡村治理上则表现为地区之间的非均衡，一些地区率先迎来大转型，在快速城镇化的进程中，原有的乡村治理体系和结构迅速地发生改变，如何在经济社会快速转型的背景下进行乡村治理的“大变革”，关系到整个城乡发展

的大局。城乡发展不仅仅是城乡生产要素、空间形态和公共服务等的互动，更需要城乡治理体系、结构和方式的互补。为此，未来乡村治理需要从城乡关系角度出发，推动走向城乡融合的乡村治理创新。

位于广东省佛山市禅城区南庄镇的紫南村便是快速城镇化背景下乡村治理转型的典型。改革开放前，紫南村是个普通的岭南农村，地处珠三角冲积平原，水系发达，河网交错，鱼塘密布，气候温和，雨量充足，是典型的珠三角桑基鱼塘村落。在改革开放后珠三角地区的快速城镇化过程中，紫南村发生了翻天覆地的变化。一是人口结构，紫南村在改革开放后，尤其是20世纪90年代迎来投资办厂的高潮，带来村域范围内的人口流动性、异质性增强。二是产业结构，紫南村之前是典型的桑基鱼塘村落，改革开放后大量的企业落户，村民进厂工作，就地城镇化，大部分村民虽然是农民身份，但是大都已经从事非农产业，与传统农民相比发生明显的变化。三是收入结构，紫南村在土地城镇化过程中，村集体经济发展迅速，村民收入结构发生变化，集体分红和相关福利性收入成为村民收入的重要组成部分，村集体肩负着增加村民收入和福利的重任。

上述城镇化进程中乡村社会结构的变化对于乡村治理而言无疑意味着新的挑战，能否有效地应对乡村结构变化所带来的压力和风险深刻地影响着乡村治理的效果。

以前的紫南村是当地有名的问题村。当时紫南村道路脏、河水脏、市场脏，杂物乱堆、垃圾乱扔、车辆乱停、违章乱建，道路差、绿化差、治安差、管理差、观念差，号称“三脏四乱五差”，以致附近的村民都说“有女莫嫁紫南村”。部分村民也陆续搬到距离本村半小时车程的佛山市中心居住。以前的紫南村是当地有名的上访村，2005年至2007年，50人以上村民集中到相关部门上访达16次，村内矛盾重重，干群关系严重对立，村民占据村“两委”办公室，新当选的村党支部（2015年7月1日，紫南村党支部升格为紫南村党委）书记上任半年，先后六次向南庄镇党委提交辞职报告，村委会运作接近于瘫痪的状态。以前的紫南村是当地有名的落后村，2007年，紫南村集体收入1100万元，村民人均分红882元，在南庄镇排名倒数。当时村民分红差距较大，加上村庄基础设施和社会保障滞后，严重影响了村民的获得感，反过来也影响了村庄治理的整体环境，导致干群关系紧张。

紫南村以前的治理失败并非个案，而是在整个农村社会转型之下，从传统乡村治理、城乡二元结构乡村治理到当前城乡融合过程中出现的社会结构与治理结构失衡所导致的问题。在经历了阵痛之后，如何走出乡村治理失败的困境，考验着每一个如紫南一样的村庄。

那么，为什么紫南村能够最终突出重围？这源自于十多年一直坚持的乡村治理创新，正是这些累积性的创新逐渐改变了紫南村的乡村治理体系，提升了乡村治理能力，最终实现乡村善治。

二、以党建为中心的乡村治理主体创新

在传统乡土中国时期，乡村治理是国家治理的基础。这不仅是因为作为国家治理支撑的人口和赋税主要在乡村，更是因为整个国家治理价值取向的重心在于乡村。在城乡二元结构时期，城市与乡村相互隔离，乡村治理与城市缺乏关联。

党的十九届五中全会提出：“全面实施乡村振兴战略，强化以工补农、以城带乡，推动形成工农互促、城乡互补、协调发展、共同繁荣的新型工农城乡关系。”与城乡融合相伴的是城市中心地位和农村城镇化，乡村治理呈现以城镇为中心的趋势。在城镇化进程中，城乡融合的乡村治理要适应人口和精神价值的城市取向，在城乡开放互通的趋势下有所创新。

在一些地方，由于人口向城镇流动，乡村治理被忽视，形成“治理真空”，产生了许多新的社会问题，甚至出现治理缺失的“自然状态”，其结果是在城镇化进程中乡村治理的边缘化和虚置化。与之相

对，在另一些地方，由于快速的城镇化，村庄不仅积累了大量的资金和资产，而且社会分化加剧，社会关系复杂化，一些村经济社会矛盾集中爆发，对村干部的治理能力提出挑战，习惯于老办法的村干部难以有效应对如此繁多的治理问题，不可避免地导致乡村治理的失效。

正是在这一背景下，南庄镇党委动员外出经商的党员潘柱升回到村里，担任党支部书记，加强基层党组织建设。紫南村从党组织到村委会、从行政村到村民小组、从组织建设到能力提升等进行了全面系统的改革，强化了乡村治理的中坚力量。与此同时，对于未来乡村治理的人才队伍建设，紫南村先行一步进行后备干部遴选和培养，率先公开招聘和培养后备人才，打造一支相对稳定和可持续发展的干部队伍。对于一些专业性强的领域，则通过吸引高层次人才入职专业技术岗位来提升乡村治理的专业水准，并在政治上积极引导非户籍人口参与乡村治理，将专业技术岗位的非户籍党员推选为村党委委员等，综合解决了乡村治理力量薄弱的问题，为后续乡村治理的行动奠定了坚实的人才队伍基础。

三、以“三治结合”为目标的乡村治理方式创新

传统乡土中国时期，乡村主要依靠自我力量进行治理。城乡二元结构时期，自上而下的行政力量直接介入乡村治理。在城乡融合的进程中，一方面是公共服务愈来愈多地进入乡村，另一方面也要激发乡村的自治活力，发挥农民群体的主体作用。

紫南村“两委”在应对关系到全村发展大局的重大问题时，坚持党建引领，按照“村党委提议，村‘两委’会商议，村党员大会审议，村民代表会议或村民会议决议”的程序，进行决策和推进决策的执行，而对事关全体村民切身利益的重大事项，村“两委”充分尊重群众意见和建议，让普通村民了解村里的大小事，充分实现民事民议、民事民管，人人当家做主。正是由于村民的参与和认同，村“两委”提出的重大决策均获得村民的广泛支持，尤其是在面临村庄发展重大问题的时候，如

《紫南村集体经济组织股权内部流转及配购方案》《紫南村房屋限制出租暂行规定》等，能在尊重群众意愿的基础上形成共识。

传统的乡村治理毕竟是在相对封闭的状态下形成和运行的。在城镇化进程中，城乡人口和要素开放流动，原有的乡村治理已很难适应现代社会的要求，需要以城镇为载体，将现代治理要素引入乡村治理之中，尤其是在乡村治理方式上。传统乡土中国时期的乡村治理主要是“礼治”，即主要以传统道德加以治理，形成“无为而天下治”；城乡二元结构时期的乡村治理主要是“力治”，即以国家行政力量加以治理，形成政权下乡和党政主导。进入城乡融合发展时期，乡村治理更多的是“法治”，即各种治理力量都在国家宪法、法律和规章制度范围内活动。当前在乡村治理中，最稀缺也最需要的就是“法治”元素。在制度建设方面，紫南村“两委”坚持依法建制，用制度管人，用程序管事，共制定84项400多条治村制度，编成《紫南村党建引领自治管理制度汇编》。这一紫南村治村的“法典”落实后，乡村治理的法治水平明显提升。

改革开放以来，特别是随着市场经济的发展，人们的生活和价值追求愈来愈个体化，家庭的治理功能有所弱化。但个体不可能天然具备现代社会所要求的素质，还必须在家庭怀抱里接受良好的规训。中国农村改革从实行家庭联产承包制开始，乡村治理也需要激活家庭的治理功能，将家庭作为乡村治理的基本单元，发挥家庭在社会治理中的基础性作用，特别要强化与社会主义核心价值观相一致的良好家教，建立与国法相衔接的家规，提倡树立良好的家风，鼓励通过撰写家史传承良好的家风。

一直以来，紫南村通过各种文化平台和载体来改变村民的思想观念。村“两委”积极制定《紫南人文明礼仪》《紫南村村规民约》等行为规范，并通过参加全国文明村镇评选和整治人居环境等行动，将文明规范纳入到村庄治理的全过程，并在此基础上积极营造村庄“仁善文化”。紫南慈善分会帮扶困难群众，紫南村党委书记潘柱升捐赠成立“书记基金”，紫南村积极举办五大系列道德模范评选活动，由此塑造的“仁善紫南”氛围，实际上旨在打造一种积极向善的乡村公共文化。

四、以社区共同体为归宿的乡村治理结果创新

在传统乡土中国时期和城乡二元结构时期，村庄是基层治理的基本单元。在城乡融合发展时期，农村社会日益社区化，社区成为乡村治理的基本单元，乡村治理呈现社区化的趋势。社区显然是不同于传统村庄的治理单元，有其自身的特点，需要根据社区单元进行乡村治理创新。

传统村庄治理是以熟人为基础的，是基于熟人的治理。社区是人们重新聚合的生活单元，容易造成高度个体化。人们通过社区获得个体独立的同时也失去了相互的联系，成为同在一栋楼房里的陌生人，“鸡犬之声相闻，老死不相往来”。不熟悉就缺乏信任，不信任就缺乏安全，不安全就缺乏和谐。“重建社会”和“创建熟人”成为以社区为单元的乡村治理的重要议题，其重要方式就是通过各种趣缘组织将人们从孤立的个体状态中解放出来，使其走出独居，进入社会，相互熟悉，彼此信任。紫南村大力加强公共文化基础设施建设，修建文化活动中心，后扩展为紫南文化园、紫南赋文化广场等；建设广府家训馆、佛山好人馆、紫南村史馆等主题展馆以及新时代文明实践站等；此外还培育有诗词和对联、舞蹈、曲艺、棋艺、篮球等文化体育协会，加强村民之间的往来和互动。

除此之外，共同体的维系得益于共同服务。在传统乡土中国时期和城乡二元结构时期，乡村的公共服务由乡村自我承担，服务内容简单，服务水平较低。城乡融合的重要要求是“促进基本公共服务均等化”，由国家提供的公共服务愈来愈多地进入农村，使乡村治理呈现服务性趋势，服务内容愈来愈多，服务要求愈来愈高。紫南村始终将服务作为乡村治理的重点，先后投入大量资金用于村庄环境改善，包括绿道、主题

公园、文体活动小广场、老人活动室等。在民生福利上，紫南村坚持不以分红多少作为衡量发展的唯一标准，坚持兜住民生底线，照顾好老年人，培养好下一代。紫南村筹资为符合条件的村民购买养老保险和失地保险，在原有医保的基础上办理门诊和住院“二次医保”，紫南村村民到退休年龄可以领取养老金，实现发展成果的共享，之前迁出去的村民陆续回流，便得益于村庄治理贯彻“服务为先”的理念。

凡此种种，并不是要突出紫南村之特殊，而在于指出紫南村是珠三角诸多类似村庄中普通的一员，因此，对于其他陷入乡村治理困境的村庄来说，紫南的经验是可以学习和借鉴的，具体该如何来学习和借鉴呢？

紫南经验，一方面是在一些宏观的乡村治理理念上可以为其他村庄提供借鉴和努力的方向，另一方面，在一些微观的乡村治理方式方法上也可以为其他村庄提供重要的参考。当然，学习紫南村的经验并非学其形，而是要学其神，特别是其理念上的超前性和创新性，以及将理念等转化为具体方式方法的可操作性和适应性等。正是基于以上考虑，本书的编写者们以紫南村在乡村治理过程中面临的具体问题为先导，以治村者的金句为答案，以短小精悍的具体故事为媒介，最后以专家的评价为结尾，将一个个问题抛出来，将一个个答案说出来，将一个个故事写出来，将一个个道理讲出来，在看似不经意间，让紫南村的治村故事跃然于纸上，希望所有关心乡村治理的人都能喜欢这本乡村治理的“故事书”。

2021年2月

（本文作者系华中师范大学教授、博士生导师）

目录 CONTENTS

认识紫南／001

第一章 乡村善治的“紫南经验”／005

党建引领推动自治、法治、德治结合／006
“三治结合”塑造乡村治理共同体／009
紫南实践探路乡村治理现代化／011

第二章 坚持党的领导，把舵定向配强队伍／013

第一节 转变从开好农村会议开始／014

1. 外地回来的新书记怎么开第一次党员见面会？／014
2. “新官上任”如何了解民情把好脉？／016
3. 农村党组织的理论学习中心组学什么、怎么学？／018
4. 曾经乱糟糟的村民代表会议如何变得井然有序？／022
5. 重大事项交村民决议，凭何获九成以上高票通过？／024
6. 改变落后村容村貌，如何让村民凝聚共识？／028

第二节 领头雁带出好班子／030

7. 农村干部如何培养“非权力影响力”？／030
8. 好“班长”如何带出好班子？／032
9. 曾经的反对者如何变成坚定的拥护者？／034
10. 非户籍党委委员是怎么产生的？／034
11. 如何把支部建立在村民小组上？／036

12. 党员的先锋模范作用怎么发挥？ / 038
13. 先进村帮扶后进村，如何开展队伍“传帮带”？ / 042

第三节 引进人才为乡村造血 / 044
14. 村“两委”怎样培养后备干部？ / 044
15. 如何引进高校人才下乡组建党建和文化工作团队？ / 048
16. 到村委会工作为何要大专以上学历？ / 051
17. 如何打造全省一流的双拥模范村？ / 053
18. 市区镇村党员干部为何都来紫南培训学习？ / 054

第三章 完善制度体系，提升乡村治理能力 / 057

第一节 树立好规矩，取信于民 / 058
19. 打造“玻璃式钱柜”，如何做到村务公开透明？ / 058
20. 制定20余万字的制度汇编，如何规范乡村治理？ / 060
21. 医治“乡村病”，紫南有哪三种“药方”？ / 063

第二节 执行好制度，治理乡村乱象 / 067
22. 管好房前屋后植被，如何引导村民自觉遵守？ / 067
23. 杜绝乱贴小广告，如何治理乡村“牛皮癣”？ / 068
24. 提升乡村风貌，如何从管好农房开始？ / 069
25. 禁止村民出租房屋，紫南怎么做到？ / 072
26. 整治鱼塘上的窝棚，如何顺应民意处理违建？ / 074
27. 人居环境整治怎样变“扬汤止沸”为“抽薪止沸”？ / 076

第三节 平衡好利益，力争公平公正 / 080
28. 讨回租户对村集体的欠款，为何要先“大义灭亲”？ / 080
29. “外嫁女”要股权分红，如何通过内部流转平衡各方利益？ / 081

30. 农村股权改革，如何一碗水端平？ / 084
31. 将果树进行投包管理，如何治理村民乱摘果实？ / 085

第四章 做大集体经济，奋力迈向高质量发展 / 089

第一节 发展集体经济的破与立 / 090

32. 怎样做好一座村庄的产业发展规划？ / 090
33. 发展经济该跟村民算好哪几本账？ / 092
34. 怎样大刀阔斧推进旧工业园区改造？ / 094
35. 一个村里的商贸城凭何成为全国诚信示范市场？ / 095

第二节 想企业所想方能招大商 / 099

36. 小村庄引进一家世界五百强、三家上市公司，有何秘诀？ / 099
37. 要引进企业“大飞机”，如何先建成“A380起降的大跑道”？ / 100
38. “塘水活，鱼儿肥”，如何做好安商稳商？ / 101
39. 如何与辖区企业画好共建共治共享同心圆？ / 104

第三节 发力乡村文旅开新路 / 107

40. 如何充分发挥土地资源效能，实现可持续发展？ / 107
41. 没有大山名胜的乡村如何建设4A景区？ / 108
42. 怎样盘活村民闲置房屋用于连片民宿开发？ / 110
43. 上央视，成“网红”，乡村文旅怎么火起来？ / 113

第五章 高标准高起点，建设宜业宜居美丽乡村 / 119

第一节 让村庄享受城市生活 / 120

44. 一座村庄为何以城市公共服务标准规划建设？ / 120
45. 标本兼治，如何在全省率先推进雨污分流？ / 122

46. 处处有公园，怎样做好植绿护绿？ / 124
47. 如何配合政府做好交通设施建设土地征收工作？ / 125
48. 怎样借助政策东风，推进“美丽文明村居”建设？ / 127

第二节 推动村容村貌大提升 / 129
49. 管好“天大的小事”，如何率先推进“厕所革命”？ / 129
50. “三清三拆三整治”为何先从村干部开刀？ / 131
51. 全市首个村级市政处，如何实现垃圾日产日清？ / 133
52. 如何成为佛山乡村电网升级示范点？ / 135
53. 全省21个地级以上市PK乡村振兴，紫南村凭啥进五强？ / 137

第六章 不以分红论英雄，共建共享发展成果 / 141

第一节 强化保障，提升获得感 / 142
54. 不养懒人闲人，如何让村民告别分红依赖？ / 142
55. 老有所养，怎样建立养老保障体系？ / 144
56. 怎样实现村民“小病不出村，大病有村帮”？ / 145
57. 如何让农村孩子在家门口上省级优质名校？ / 146
58. 如何成就“不怕没车没楼，就怕没紫南户口”的佳话？ / 150

第二节 兼济天下，携手奔小康 / 152
59. 怎么做到“我们没有外地人，大家都是一家人”？ / 152
60. “书记基金”如何扶贫助弱？ / 153
61. 先富带后富，紫南村如何结对帮扶凉山谷莫村？ / 155

第七章 打造“仁善紫南”，文明乡风代代传 / 159

第一节 大兴文化建设再创优势 / 160

62. 小村庄为何提出“文化立村、文化兴村、文化强村”？ / 160
63. 搞文化建设影响村民分红怎么办？ / 162

第二节 大手笔投入建优质载体 / 165
64. 一份小小村报《紫南报》如何坚持办了13年？ / 165
65. 村庄里为何要打造一流的公共文化设施？ / 168
66. 小乡村如何引进大师级文艺资源？ / 172

第三节 树标立榜，培育文明乡风 / 175
67. 如何消灭“打赤膊”等不文明现象？ / 175
68. 如何记住乡愁，留下好的家风村风？ / 178
69. 如何让农村文化生活红红火火、乡里关系和和气气？ / 180
70. 怎样让一个好人带出一群好人，让一群好人温暖一座乡村？ / 182

附 录 / 187

紫南村大事记 / 187
紫南村重要荣誉 / 195

后 记 / 197

认识紫南

紫南村是佛山市禅城区南庄镇下辖的一个行政村，东临紫洞大道，南接南庄村，西靠北江支流，北与紫洞为邻。季华西路、禅港西路贯村而过，与紫南路、信德路构成两纵两横的四条“井”字主干道路。此地地理位置优越，水陆交通发达，因位于紫洞墟之南而得名。

紫南村地处珠三角冲积平原，水系发达，河网交错，鱼塘密布，气候温和，雨量充足，是典型的珠三角桑基鱼塘村落。

全村面积5.88平方公里，现有可耕地400余亩、养殖水面283亩。下辖15个自然村20个村民小组，截至2019年末有户籍人口6800多人，外来人口7200多人。

村内主要有潘、梁、罗、陆、邱、刘、麦、廖等八大姓氏。2017年末，潘、梁、罗姓人口分别占总人口的45.58%、17.94%和9.55%。据史载，紫南潘姓、刘姓在南宋时就迁至现居住地；紫南流滘村民小组罗姓于宋淳熙八年（1181年）迁至现流滘村民小组所在地；尚塘村民小组罗姓于明成化年间（1465—1487年）迁至此地；石邱村民小组邱姓于元末明初迁来此地；村头村民小组梁姓于1368年至1398年间迁至现居住地；石陆村民小组陆姓于明万历二十七年（1599年）迁至现居住地。

紫南村现有包括3家上市公司、23家规模以上企业在内的61家企业落户，辖区企业还拥有4个国家级驰名商标。2020年，全村各类企业实现生产总值38亿元，村集体资产达65,220万元，集体收入超1亿元，村民人均分红超1万元。紫南村是一座已经实现全面小康，并加快推进乡村治理体系和治理能力现代化的先行发展村。

紫南村党委书记、村委会主任潘柱升，是中共广东省第十二届委员会候补委员，曾获“全国优秀共产党员”“中国好人”“全国模范退役军人”“南粤楷模”“广东省优秀村党组织书记”等荣誉称号。潘柱升原本是一名外出经商的成功企业家，2007年11月，他不计个人得失，接受南庄镇党委“三顾贵阳”之请，回到紫南建设家乡。作为一名新时代的奋斗者，十多年来，他不仅带领村民把紫南村由一个原来的落后村、脏乱村、上访村，建设成为先进村、示范村、模范村，还成为一位乡村振兴的基层探索者、实践者，为全市乃至全省和全国贡献了可推广、可复制的乡村治理的紫南智慧和走在时代前列的乡村振兴的紫南样本。

2012年以来，紫南村先后获得“全国民主法治示范村”“广东名村”“全国文明村镇”“中国最美乡村”“新时代•中国最美乡村”“全国乡村治理示范村”等荣誉称号，并入选“中国十佳小康村”、“广东省十大美丽乡村”、广东省“乡村振兴大擂台五强村”、“中国全面小康乡村振兴十大示范村”。

紫南村鸟瞰图

第一章

乡村善治的“紫南经验”

基层治理是国家治理的基础。党的十九届四中全会提出：“建构人人有责、人人尽责、人人享有的社会治理共同体。”对于乡村治理来说，则需要着力建构乡村治理共同体。佛山将2020年定为“社会治理年”。禅城区作为佛山市的中心城区，正在全力创建广东省营造智慧化共建共治共享社会治理格局综合试点。作为“全国乡村治理示范村”，佛山市禅城区南庄镇紫南村在建构乡村治理共同体，推动共建共治共享上进行了一系列生动而有效的探索实践，通过“党领民治、寓法于治、以文化人”，不仅成功打造“人人有责、人人尽责、人人享有”的乡村治理共同体，而且对于中国广大乡村治理现代化的建设也具有重要的现实意义。

党建引领推动自治、法治、德治结合

紫南村的乡村治理是在党组织领导下的“三治结合”，始终坚持党组织领导下的充满活力的群众自治制度，始终坚持依法建制、以制治村的法治规则，始终坚持以“仁善文化”为导向的德治秩序。

“党领民治”，化解大量历史难题

2007年南庄镇选优配强党支部书记，将外出经商的村民潘柱升“请”回紫南担任党支部书记。潘柱升坚持扩大“非权力影响力”，一方面婉拒镇党委的直接提名，坦然接受党员群众直选，认为只有真正获得党员发自心底的认可、理解、信任和支持，才能更利于工作的开展，才能真正解决历史遗留的复杂矛盾；另一方面自觉践行党性要求，严于律己，明确在任职期间“四个不”的承诺：自己不在村里租一寸土地、不在村里办一个企业、不拿一分钱工资、不在村委会安排一个亲戚。他的“公心”获得了党员群众的一致认可。

火车跑得快，全靠车头带。新一届“两委”班子上任后，十分注重强化党组织建设：一方面通过区域化党建和党员直联工作队等方式让党组织横向到边，纵向到底；另一方面村“两委”推行党员履职承诺和积分量化考核制，2007年以来，累计撤换了16名软弱涣散的村民小组长，对2名长期不交党费和不参加组织生活的党员进行劝退处理。2017年后，该村制定《紫南村党员日常教育管理年度积分登记台账》，对党员履职尽责情况进行严格考核，将考核积分结果公示于众，使党员履职承诺等工作常态化。

在党组织的引领下，紫南村也不断调动村民的积极性，健全充满活力的群众自治。村里如有重要事项，坚持党建引领，按照“村党委提议，村‘两委’会商议，村党员大会审议，村民代表会议或村民会议决议”的程序，进行决策和推进决策的执行，而对事关全体村民切身利益的重大事项，例如股权固化、房屋出租、大宗土地出租等，则召开村民会议进行投票表决。十多年来，村民会议参会率由原来的83%提高到95%以上，表决事项通过率达到90%以上，村民代表会议的到会率和表决事项通过率一直维持在90%以上。通过群众的自治，村“两委”集中解决了大量历史遗留问题。

“寓法于治”，为村庄“建章立制”

潘柱升到任以来，带领村“两委”班子坚持用制度管人，用程序管事。根据统计，2008年至今，紫南村依法制定各类制度86项400多条，最终编成20万字的紫南村治村“法典”——《紫南村党建引领自治管理制度汇编》，并根据国家法律法规和农村实际情况进行增删和修订，保证村庄治理有“法”可依。

在处理村庄公共事务的过程中，紫南村“两委”狠抓制度落实。潘柱升认为：治村的关键是制度，而制度的关键在落实。因此，相关决策方案一经村民会议或村民代表会议通过，便成为村庄治理的行为准绳。在清理历史遗留问题时，村委会通过13起法律诉讼解决了一大批拖欠村集体租金的问题，成功破解了“外嫁女”分红、农房管控、违建拆除、房屋出租、人居环境整治等乡村治理“老大难”问题。

紫南村“两委”在加强治村制度建设的同时，也强化自我权力约束，相继制定了《紫南村一把手权力清单和负面清单》《紫南村小宗商品和服务采购清单》

等，并通过村民监督委员会加强村务监督。“在紫南村，人们只认流程、只认制度，账目唯有符合流程规定，才能公开上栏，若有审查问题，我们也毫不留情，当即质询村‘两委’。”紫南村财务监督小组组长梁永富说。

“以文化人”，建立德治秩序

一直以来，紫南村通过各种文化平台和载体来改变村民的思想观念。村“两委”积极制定《紫南人文明礼仪》《紫南村村规民约》等行为规范，并通过参加全国文明村镇评选和整治人居环境等行动，逐渐纠正村民的不文明、不规范行为，如打赤膊、乱扔垃圾、乱搭乱建等，将文明规范纳入村庄治理的全过程。

2016年，紫南村提出了“文化立村、文化兴村、文化强村”的发展理念，大力加强文化基础设施建设，培育践行社会主义核心价值观的“仁善文化”。2016年以来，紫南村先后建成文化活动中心、广府家训馆、佛山好人馆、紫南村史馆、紫南赋文化广场、贤德公园、“仁善文化”长廊，并率先设立了新时代文明实践站等，打造紫南文化的核心阵地，此外还培育12个文化体育协会，充实村民的精神文化生活。

在抓硬件建设的同时，“仁善紫南”的理念也在潜移默化地影响着整个村庄。从2010年至2017年，紫南慈善分会共募集善款233万元，用于帮扶困难群众；2007年以来，潘柱升将个人工资捐赠成立“书记基金”，帮扶困难群众200多人次。近年来，紫南村积极举办五大系列道德模范评选活动，包括紫南孝子、紫南好媳妇、“新紫南人”、健康长寿老人、仁善家庭，每年有50名美德人物从120名候选人中脱颖而出。道德模范发挥了标杆榜样作用，促进乡村生活更加和谐，村民间的纠纷矛盾大大减少。

“三治结合”塑造乡村治理共同体

紫南村经过十多年的努力，通过“三治结合”塑造了乡村治理共同体，逐步打造了“人人有责、人人尽责、人人享有”的乡村治理格局，效果十分明显。

以共建夯实“人人有责”

以前的紫南村是当地有名的问题村，当时号称“三脏四乱五差”，以致附近的村民都说“有女莫嫁紫南村”。最近13年里，紫南村累计投入3.8亿元用于村庄环境改善。之前迁出去的村民陆续回流，共同参与村庄建设。同时紫南村还通过引入著名雕塑家吴信坤艺术馆、洛神云筑民宿群、阿农湾农耕文化园等社会资本投资项目，全力推动“村庄上的4A景区”建设。

以共治推动“人人尽责”

以前的紫南村是当地有名的上访村。2005年至2007年，50人以上村民集中到相关部门上访达16次，村内矛盾重重，干群关系严重对立，村庄接近于瘫痪。2007年潘柱升回村后，狠治过去村庄决策管理不透明、不公开的痼疾，在处理关系到紫南村发展大局的重大问题时，村“两委”充分尊重群众意见和建议。

村民毛玉珍说：“村里的大小事，我们不但知根知底，还有足够的话事权，村里充分实现了民事民议、民事民管、人人当家做主。”

正是由于村民的参与和支持，村“两委”提出的重大决策在村民会议表决时均获得高票通过，如《紫南村集体经济组织股权内部流转及配购方案》《紫南集团公司章程修正案（第一次）》《紫南村房屋限制出租暂行规定》《紫南生态园土地出租方案》等，通过率分别为83.22%、87.80%、89.96%和98.67%，村中形成了共同治理的良好局面。

以共享实现“人人享有”

以前的紫南村是当地有名的落后村。2007年，紫南村集体收入1100万元，村民人均分红882元，在南庄镇排名倒数。2019年，年人均分红超1万元。2007年以来，村“两委”顶住压力，坚持不把分红多少作为衡量发展的唯一标准，坚持兜住民生底线，照顾好老年人，培养好下一代；引导和鼓励年轻一代人去创业、不坐等分红，号召不养懒人。

在此理念驱动下，从2009年开始，紫南村筹资500万元，为符合条件的村民购买养老保险和失地保险，在原有医保的基础上办理门诊和住院“二次医保”，紫南村村民到退休年龄每月可以领取1050元的养老金；村民到定点医院就诊只需要交4元挂号费，住院三个月内只需要交600元。“每天去市场买菜，有电瓶车免费接送，每月村委会有养老金发，年终还有分红，日子过得越来越红火。”谈起当下紫南村的生活，年近耄耋的梁苏虾表示获得感满满。

紫南实践探路乡村治理现代化

窥斑可以见豹。紫南村很小，只是千千万万中国村庄中的一个；但紫南村也很大，足以映照乡村治理的中国之治。紫南村以“三治结合”建构乡村治理共同体，具有重要的启示意义。

党的十九大以来，党中央提出乡村振兴战略，其中有效治理的制度框架是党组织领导下的基层群众自治制度，这是改革开放以来乡村治理制度建设的成果，也是当前中国乡村治理最大的制度优势。从紫南村由“乱”到“治”的十多年实践来看，未来的乡村治理要始终将党组织的领导和基层群众自治相融合，汇聚政府、市场与社会等多方主体参与乡村治理，逐步实现“人人有责、人人尽责、人人享有”的治理目标，构建共建共治共享的社会治理格局。

紫南村之所以能够治理有效，关键在自治、法治和德治相结合为乡村治理共同体创造了有效的实现形式。

“三治结合”之所以能够成功塑造乡村治理共同体，关键是发挥了基层党组织的领导核心作用。在紫南村党员群众心中，党组织的领导是乡村治理的基石。党组织以党员为纽带，当好村民“保姆”，帮助村民解难题、办实事，通过党建活动和党员履职等方式形成广泛的党建网络，将非户籍的党员、辖区企业党组织等纳入乡村治理范围，构成打造乡村治理共同体的政治保障。

通过“党领民治”调动群众的积极性和主动性，在党的领导下充分依靠党员群众，积极引导群众参与决策和管理。通过“寓法于治”将法治与自治结合起来，群众自治并不是要建立“土围子”，而是要依法依规治理村庄，将自治纳入法治的轨道。通过“以文化人”将自治与德治结合起来，文化建设能够起到润物无声的作用，形成一种集体性的公共文化氛围，有助于将“原子化”的个体凝聚为日益紧密的共同体，筑牢乡村治理的社会基础。

紫南村党委书记、村委会主任潘柱升（上图左三及下图左四）在开展基层工作

第二章

坚持党的领导，
把舵定向配强队伍

第一节　转变从开好农村会议开始

1.外地回来的新书记怎么开第一次党员见面会?

“三会一课”制度是中国共产党的组织生活的基本制度，是党的基层组织应该长期坚持的重要制度，也是健全党的组织生活、严格党员管理、加强党员教育的重要制度，是我党经过长期实践证明的一种行之有效的党组织生活制度。

然而，在基层的实践上，农村党员的会该怎么开？开的效果怎么样？

13年前，作为远近闻名的落后村、上访村的紫南村也曾面临这一问题。当时村民与村“两委”的矛盾激烈，村里开会经常吵闹不堪，甚至出现村民代表抢了村“两委”干部的麦克风扔出窗外的情况。被南庄镇党委寄予厚望，临危受命接下这个“烂摊子”的潘柱升，首先要直面的就是党员、村民代表，跟他们开好会，打好交道。长期在外，在家乡似乎没有太多群众基础的他，又该如何破解这一难题?

> 既然镇党委提名我为紫南村党支部书记候选人，我就要创造条件让党员和村民了解我、认可我，从而信任我，投票选我。通过选举上任，我的群众基础会更好，开展工作更容易得到群众的理解和支持。

答应回村工作后，潘柱升在家乡转悠考察了两天。看到家乡经济落后、环境脏乱、人心涣散、管理混乱的情况后，他向南庄镇党委、镇政府提出了一个要求：通过党员大会选举来选出村党支部书记。

在不少人看来，潘柱升通过选举来上任是一步“险棋”。自1980年当兵离开家乡到2007年，27年来潘柱升一直在外打拼，用他自己的话来说，就是当时“35岁以下的村民对他都并不认识”。在这种情况下，该如何让人们信任这个“陌生”的乡亲，将神圣的一票投给他？

“办法总比困难多。动动脑筋就能想到办法了。”多年的商海闯荡经历让潘柱升形成了勇于直面挑战的性格。他一方面将户口和党组织关系转回村里，另一方面希望加强与村民的互动，加深对彼此的了解。

在他的建议下，南庄镇党委组织了一场紫南村党员大会，主题是“紫南的路在何方”。2007年11月19日下午，潘柱升首次公开亮相，以普通党员的身份与紫南村110多名党员面对面交流。其朴实、直率、平易近人的作风令人印象深刻，待大家自由发言后，他才发言。

有人听说过他在贵州创业的经历，对这个风传要回来当村党支部书记的大老板满怀期待；也有不少人担心，他一开口就要数落家乡的种种不是，会导致会议最终不欢而散。

潘柱升既没有批评紫南村，也没有数落村委会干部的不是，而是首先客观理性地分析了紫南村的条件、优势和未来：“紫南村是佛山交通大动脉季华路上的一颗明珠，随着紫洞路的扩建、季华大桥的开通，从佛山市政府到紫南也就20分钟的车程。而且由于紫南相对落后，没有进行过大开发，反而储备了大片土地，这为紫南未来的发展腾飞留下了空间。如果现在紫南已经发展得很好了，土地所剩无几，这种状况下紫南的明天才更让人担心。”

潘柱升的话让人一下子看到了希望，台下的党员顿时放下了戒备心。

他话锋一转：“大家都看过《西游记》，我们紫南的党员、村民应该多看看、多学习里面的团队精神。”

对于《西游记》里的团队精神，潘柱升这样解释：

“唐僧师徒其实是一个很好的团队。首先，唐僧立场坚定、目标明确，在前往西天取经的路上，无论遇到多大的困难他都没有打过退堂鼓。其次，唐僧一向对自己要求严格，面对诱惑，他没动摇过，真正做到了为人师表，以身作则。

“孙悟空很有本领，但也需要紧箍咒。对待孙悟空，只要他服从纪律、遵守制度，就应该让他自由发挥、大胆创新，能力这么强，就没有他办不到的事。

“猪八戒看起来好吃懒做，贪财好色，还爱打小报告，一遇到困难就想回高老庄，过老婆孩子热炕头的小日子。但他同样不可替代——他是团队中的‘润滑剂’。唐僧要赶孙悟空走的时候，他跟孙悟空说：‘大师兄，你不能走，取经路上我们需要你。’然后，他又跟唐僧说：‘师父，不能赶走大师兄，他们一走我们就取不了经。’

“老实巴交的沙僧，他总是任劳任怨地挑着担子，埋头苦干，忠厚老实，也是团队里不可或缺的实干型人才。

“这四个不同性格、不同能力的人组成一个团队，就能克服九九八十一难到西天把经取回来。而我们紫南，就需要这样一个团队。”

潘柱升的发言，让台下的党员消解了疑惑，为他参加即将到来的选举奠定了基础。

会后还有人煽风点火，认为他这一趟回村是带有私心——之所以把生意放下，回来当一个小小的村干部，是他在贵州的生意不行了，现在想趁机回家乡“捞油水”；也有人质疑他回来是为了满足自己的官瘾，获取政治资本。

面对风言风语，潘柱升相信能以实际成绩给予有力的回应。为了让村中的党员群众加深对自己的了解，潘柱升自掏腰包买机票，邀请党员和村民小组长到贵州参观了解其企业经营情况，并安排紫南村村民与贵州当地的政府干部、企业家座谈。在了解过潘柱升的创业经历、商业规模，并得知他曾当选贵阳市人大代表，曾获贵州省杰出青年、贵州省创业之星等荣誉后，来访的紫南村村民对潘柱升彻底放下了成见。

2007年11月27日，备受期待的紫南村党支部换届选举举行，南庄镇党委推荐候选人潘柱升以高票当选为紫南村党支部书记。当选后，潘柱升在发言时承诺：“三年完成三大目标。一是化解村内所有主要矛盾，二是经济达到全镇中游水平，三是实现村民零上访。”这番壮语一出，现场掌声雷动。

正是通过反复的沟通互动，潘柱升加深了村民对他的认识，村民们也从其言行中看到了希望和未来。四个月后，在村委会换届选举中，潘柱升又以高票当选村委会主任。

2.“新官上任”如何了解民情把好脉？

作为领头雁，村党组织书记在乡村治理中发挥着重要的作用。但以前，部分村党组织书记，特别是个别新上任的党组织书记，由于缺乏驾驭全局、处理复杂问题的能力，在面对一些突发性事件、信访纠纷、土地征用和一些群众普遍反映关注的热点、难点问题时，束手无策，找不到协调解决各方面利益冲突的办法。

已经发展滞后、民怨沸腾的紫南村再也经不起折腾，新班子的每一项决策必须慎之又慎。对新上任的村党支部书记潘柱升而言，虽然自己管理企业有方，但并无在基层工作的经验，再加上已经离开故土多年，对村庄的变化和现状不甚熟悉，如何才能找对路子、把对脉，为紫南村突围开出合适的“药方”？

> 紫南村为何走向混乱？中间发生了什么？群众对新班子有什么期待？要找到问题的症结，必须开展调查研究。潘柱升带领新班子，走街串巷，花了三个月的时间去跟村民做调研了解，笔记记录了三大本。

俗话说“新官上任三把火”。但潘柱升上任后并没有急于“烧火”，而是当起了“学生”——深入群众中，听民声，访民情，问计于民。

虽然生于斯长于斯，但潘柱升深知，自己毕竟已经离开家乡近30年，这期间发生的翻天覆地的变化，他了解得并不多。他要找到破解紫南治理难题之法，还须从群众中来，到群众中去。

那段时间，潘柱升走村串户，深入村民家中、田间地头，与村民倾心交谈。每当听到好的意见或建议，他就掏出笔记本认真记录。有时他会坐到村头群众聚集的大榕树下或茶楼，与群众拉家常，听听群众的意见和呼声；他还深入到企业、商户，找各类经营者了解情况，倾听诉求，以至于有群众形容他“上车像老板，下车像卖货佬，走近一看是升哥”。

“那时潘书记既像一名记者，又像一个学生，更多的时候是一位嘘寒问暖的知心人。”村中的退休老教师毛玉珍就有好几次在茶楼被潘柱升“问长问短”。

就这样，潘柱升白天走村串户调研，晚上回家翻看笔记，认真思考，悉心研究，对紫南村当前存在的突出问题、走向衰落混乱的原因、人民群众对新班子的期待与要求、下一步工作该从何着手等问题的认识和思路逐步清晰起来。此外，潘柱升又通过全体村干部收集到各方面上万条的意见和建议。这些意见、建议和要求，集中反映了新班子建设将面临的任务，反映了各方面群众对新班子的期待。

磨刀不误砍柴工。这次的调研把脉，不仅为村党支部、村委会下一步发展

潘柱升（左四）到村民家中了解民情，听取村民意见

工作找到了突破口，也为以潘柱升为“班长”的新班子建立起群众基础，指明了紫南村未来的发展走向。

3.农村党组织的理论学习中心组学什么、怎么学？

党的基层组织是落实党的路线方针政策和各项工作任务的战斗堡垒。党的十八大以来，党中央提出了建设学习型、服务型、创新型的马克思主义执政党的重大任务。

党委（党组）理论学习中心组学习，是各级党委（党组）领导班子和领导干部在职理论学习的重要组织形式，是加强各级领导班子思想政治建设的重要制度，是建设学习型、服务型、创新型的马克思主义执政党，提高党的执政能力和领导水平的重要途径。2017年，紫南村先行先试，在农村基层党组织建立理论学习中心组制度，这是村级党建工作的又一次创新。这样一个小小的村庄为何要建立村党委理论学习中心组？学什么，又该怎么学？

> 紫南村之所以能在各项工作中坚持走前列、当表率，与村党委主动抓好大学习，依靠学习克服“知识恐慌”“本领恐慌”，依靠学习走向未来密切相关。不断学习才能保持先进，忽视学习必然导致落后。每名村“两委”干部，无论工作再忙，都不能放松学习，只要每天工作之余，挤出时间学一小时或半小时，日积月累，必然会有所收益、有所提高，必然会增强乡村治理的工作能力。

曾经，有一家高污染企业想进驻紫南村，并且愿意支付较高的租金，产生的税收也十分可观，这让不少党员干部和村民心动，纷纷劝村委会引进这家企业。

潘柱升既没有急于答应，也没有表态阻止。他从高校邀请一些专家面向“两委”干部、党员和村民代表举办“科学发展观与经济可持续发展”“城市化进程带来生活生产方式转变”等主题报告会。

经过报告会的学习，党员干部和村民转变了思想观念，明白了引进企业不能只看给村里带来的短期经济效益。从此，村里逐步形成了把好企业进驻关，将高污染、高耗能企业拒之门外的共识。

潘柱升学历不高，但一直重视学习以提升自我，其发言讲话注重理论结合实际，深入浅出的发言风格也颇具感染力，他也因此成为各种基层干部座谈会、报告会和佛山市委党校课堂的“常客”。

在潘柱升的带领下，紫南村党委也形成了注重学习、热爱学习的氛围。从2008年开始，紫南村就陆续开展了各类党组织学习会。2012年以来，紫南村党委先后被佛山市委和广东省委批准为“学习型党组织建设示范联系点”。为打造学习型党组织，2017年11月，紫南村率先在村级党组织建立党委理论学习中心组制度，制定了《紫南村党委理论学习中心组学习规则》。

在很多人看来，农村基层干部从事的工作琐碎繁杂，一天到晚忙忙碌碌，工作对象是千家万户的朴实村民，在农村以中心组形式搞研讨式的理论学习，没条件、没必要，也没时间。

但紫南村党委之所以主动率先建立理论学习中心组制度，既是从紫南村的实际出发，也是着眼于紫南村的未来发展。潘柱升经常在党校培训班会议上说：“习近平总书记曾经说过：领导干部要有草摇叶响知鹿过，松风一起知虎来，一叶易色而知天下秋的见微知著的能力，对潜在风险要有科学预判的能力。紫南村落实总书记的重要讲话精神，就要培养这样的能力，没有捷径可走，要学习，学习，再学习。”

那么，一个村级党委理论学习中心组究竟要学什么呢？紫南村党委副书记罗章江清楚地记得，理论学习中心组的首场学习，是组织成员学习习近平总书记的重要文章《依靠学习走向未来》。

习近平总书记在这篇文章中指出：“我们队伍里有一种恐慌，不是经济恐慌，也不是政治恐慌，而是本领恐慌。很多同志有做好工作的真诚愿望，也有干劲，但因缺乏本领，新办法不会用，老办法不管用，硬办法不敢用，软办法不顶用，所以工作做不好。”

“总书记的这番话，让所有理论学习中心组成员触动很大，自此，本领恐慌意识一直驱动着紫南村‘两委’班子不断主动加强学习。”罗章江说。

在学习内容的安排上，理论学习中心组学习坚持做到与时俱进，既贯彻落实上级党组织的安排部署，也让学习内容符合农村工作实际，涵盖了习近平新时代中国特色社会主义思想、习近平总书记的重要讲话精神、党的十九大报告和省委、市委、区委全会精神，以及乡村振兴相关文件精神等。

理论学习中心组成员最开始由村“两委”委员、村属各单位负责人、各党支部书记组成。后来发展到以扩大会议的形式，把参加学习的人员范围扩大到各党支部委员甚至全体党员，并邀请省委、市委党校和上级有关部门领导干部开设讲座，解读最新的重大政策。

理论学习中心组学习一般在每月最后一个星期五下午集中进行一次，每年集中学习不少于8次，每次成员参学率不低于90%，每个成员遇集中学习时原则上不得请假，如确因工作原因需要请假，全年请假缺席不得超过两次，因出差等原因未参加集中学习的，须撰写学习心得进行补课。理论学习中心组规定党员在学习中要联系紫南村的工作实际，学习讨论时切忌空对空、夸夸其谈。

除了集中学习讨论，理论学习中心组还通过召开读书会、报告会、专家讲座会，组织集中考察、专题调研、收看影视政论片和专题片等多样化的形式，提高学习质量和效果。

此外，紧跟“互联网＋”时代的步伐，紫南村还积极发动党员用好用活“学习强国”App进行学习，形成你追我赶、比学赶超的良好氛围。

近年来，紫南村大力发展文旅产业。新的产业、新的业态，向紫南村“两委”提出了新课题、新挑战，理论学习中心组学习也帮助村“两委”干部更新了知识，提升了推动产业转型升级的能力。

从2017年11月至今，紫南村党委共举行了20多场理论学习中心组学习。每场学习有主题、有发言、有考勤、有记录、有交流，为紫南党员干部搭建了一个有计划、有重点、有交流、有讨论、有启发的依靠学习走向明天、走向未来的平台。

理论学习中心组学习，也大大增强了村“两委”班子的工作本领。紫南村作为乡村振兴先行发展村、明星村，每天都有许多外来党政代表团和村居参观团前来参观学习，也有来自中央及省、市媒体的记者前来采访报道。“经过理论学习中心组学习后的村‘两委’班子成员，由过去不能开口介绍变为人人都能如数家珍，从以往回避媒体到主动接受媒体采访，展示了当代农村新型干部的素质和自信。”紫南村党建工作指导员卢新勤自豪地说。

2017年11月，紫南村党委理论学习中心组成立暨第一次集中学习会在村委会举行

2020年9月，紫南村党委理论学习中心组在村委会开展第十八次学习会，专题学习《习近平谈治国理政》第三卷

4.曾经乱糟糟的村民代表会议如何变得井然有序？

村民代表会议是村民自治中的重要组成部分。许多村级事务要通过村民代表会议来讨论决定。但村民代表会议究竟该怎样开？应该议论哪些事项？议事的程序有哪些？

以前，部分村民代表会议存在程序不当、职权不清晰、缺乏有效监督等问题；同时，受制于村委会组织能力和村民民主素养不高，一些村民代表会议现场秩序混乱，难以集中有效议事。

13年前，由于村民与村委会的矛盾激化，紫南村村民代表会议的召开现场曾多次出现“乱成一锅粥”的窘况。但2008年村“两委”班子上任后，开会的乱象大大改观，如今在紫南村开会已经没人大声说话，也听不见手机铃声响，没人开小差，大家都认真倾听。村委会做了什么促成了这样的改变？

> 设置分组讨论的目的，是让各位党员和村民能充分表达意愿，说出心中所想，为紫南村的发展提出更好的建议，并发挥先锋模范带头、密切联系群众的重要作用，积极向村民宣传和解读决议的内容，共同支持和推动紫南村各项事业发展。

现在到村委会参加会议，村民刘瑞妹都会比约定时间提前十多分钟到达会场，并把手机调成静音或振动模式。“这已经成为很多村民的习惯。”

开会没人迟到，没有手机铃声，会场秩序井然，这样的场景反映出村民文明素养的提升。刘瑞妹还清晰地记得，13年前，当时村民代表会议等场合，有人坐台桌，有人抽烟、交头接耳、大声讲话，不像一场会议。

潘柱升到任后，这样的乱象开始改变。潘柱升刚回来组织党员、村民代表开会的时候，发现不少人我行我素、大声说话。于是每当村民说话时，潘柱升都不会打断、插嘴，或与村民争论，而是沉着耐心地倾听，等村民说完，他再表达自己的观点和看法。

潘柱升深知，村民代表会议上的乱象一方面源于部分村民的习惯，另一方面则体现了他们对村干部的不信任。为此，作为村党组织书记的他以身作则、有礼有节，开诚布公地解答村民的疑惑，让那些原本不守规则、大声喧哗的村民反倒觉得不好意思。慢慢地，会场上喧嚣的现象减少了。

为了整顿开会秩序，每次开会，村委会都会在大屏幕上打出“请把手机调成静音或振动模式”的提醒。“一开始的时候有人会忽视，但如果某人在开会过程中电话铃声突然响起，在场的其他人都会看着他，他也会觉得不好意思。”刘瑞妹说，“一旦有人违反了开会的秩序，就会被村民指出。每个人都有自尊心，被别人说了，心里也不好受，下次就不会再犯了。”

除了干部带头以身作则、群众间相互监督，使大家养成了自觉遵守开会秩序的习惯，村“两委”也从议事规则上进一步规范了开会议事的流程。

2020年6月11日上午，紫南村召开党员大会、村民代表会议，就关于紫南村提升改造紫南14座公厕、关于委托第三方进行紫南文化旅游品牌的宣传推广运营等服务工作、关于修订完善《紫南村人居环境整治管理暂行规定》等13项决议进行分组审议。

会议由时任紫南村党委副书记潘笑颜主持，他向党员和村民代表逐字逐句宣读各项决议内容，确保与会者准确清晰了解每一项事关紫南发展、关乎民生福祉的决议要点。

分组讨论前，潘柱升将每一项决议事项的主要内容和缘由，向与会者进行了详细的介绍和说明。

根据议程，与会人员分成八个小组，分别对决议事项进行认真审议，每组安排了召集人和记录员，倾听民声，借助民智，让党员、村民代表敞开胸怀，畅所欲言，表达他们真实的感想和心声。党员和村民代表们都坚定地表示大力支持村领导班子的决策，纷纷展开热烈的讨论并发表个人的看法。

“我相信这些项目是紫南村‘两委’干部经过深思熟虑后才决策的。只要稳打稳实地落实好每一个项目，使它落地生根、开花结果，一定会为紫南未来的发展打好坚实的基础。”一位老党员对村中的开会讨论过程十分满意。

讨论过后，党员、村民代表对13项决议逐一进行了表决并签名确认。13项决议事项，获得全体参会人员一致通过。

除了确保程序规范，13年来，在紫南村每一项决议案表决之前，潘柱升都要带领村委会工作人员做大量的前期准备工作，包括通过《紫南报》、“仁善紫南”微信公众号等，发表致村民的公开信，讲明道理，解释条款。每次会议表决前，潘柱升都会把决议案产生的背景、意义，用村民听得懂的语言，讲得清清楚楚、明明白白。村民如果有疑虑，潘柱升还会请他们发表意见，由村委会答疑解惑。这样贴心细致的工作作风、光明磊落的态度，让村民对村委会越来越信任，开会秩序越来越好，意见统一度和表决通过率也越来越高。

5.重大事项交村民决议，凭何获九成以上高票通过?

村民自治是我国广大农民群众直接行使民主权利，依法办理自己的事情，创造自己的幸福生活，实行自我管理、自我教育、自我服务的一项基本社会政治制度，包含民主选举、民主决策、民主管理、民主监督四个方面的内容，其中民主决策是村民自治的关键。

作为我国农村基层民主的重要实践形式，村级民主决策在村民自治实践中成果颇丰的同时，也存在着一些负面现象，如：乡村缺乏自治传统、村民自治意识低、村干部自身定位不准、村民参政议政热情不高等。

中共中央办公厅、国务院办公厅印发的《关于加强和改进乡村治理的指导意见》明确指出，要健全党组织领导的村民自治机制，完善村民（代表）会议制度，推进民主选举、民主协商、民主决策、民主管理、民主监督实践；健全村级议事协商制度，形成民事民议、民事民办、民事民管的多层次基层协商格局。

这样的任务要求在紫南村已经基本实现。作为一个曾经远近闻名的上访村，紫南村如何让村民参与到决策全过程？又如何做到重大事项交村民决议均能获高票通过？

放开让大家说，胜于捂住群众嘴，只有大兴讲真话之风，才能真正取信于民。

按照现在的“四议两公开一监督”的制度要求，村党委提议、村“两委”商议党员大会审议的事项，能不能在村民代表会议、村民会议上得到顺利通过，这就是检阅一个农村基层党建工作好坏的试金石。

“现在我们紫南是民主法治示范村，民事民议、民事民办、民事民管，村民当家做主，村民都有足够的‘话事权’。”谈起村民对村中事务的参与，村民陆盛彩如是说。

曾几何时，因为村委会干部独断专行，村民无法知情问事，紫南村一度成为远近闻名的上访村。

2008年村“两委”班子上任后，充分尊重、保障和落实法律赋予的村民参与村务管理的权利，一切重大事项交由村民讨论决定。

让村民充分参与到村务的管理，首先体现在决策前和决策实施过程中，采取多种形式和途径广泛征求村民意见和建议，集中村民智慧。

在制定年度工作计划，提出村民会议和村民代表会议议题，招商引资项目、安排建设投资项目等重大工作之前，村委会都要召开不同层次及利益相关人员参加的座谈会，充分听取方方面面的建议，让大家畅所欲言。

为了拓展听取民意的深度，村里还成立了由60岁以下的党员和村民代表组成的联系群众工作队，每月至少两次深入走访各村民小组与村民面对面心贴心谈话，听取意见、建议乃至不满。问题由专人汇总，及时予以处理，做到“事事搞明白，件件有回音”。“现在向村委会反映问题太方便了，直接面对面说，大事小事跟进处理得妥善，一件不落。”谈及村里这项服务群众的制度，村民潘国政竖起了大拇指。

紫南村还充分发挥媒体连接群众、广开言路的功能。《紫南报》是紫南村舆论宣传的阵地，也是村“两委”联系村民的桥梁。《紫南报》专门采取了“来稿照登”的形式，开辟了《村民议事厅》专栏，每年发稿100多篇，“原汁原味”地刊登村民的意见建议，包括一些有利于工作的不同声音、批评意见，实现村“两委”与村民间的良性互动。此外，村民还可以通过村级“一门通”政务平台和微信平台提出意见和批评。

征求意见后，在决策过程中，紫南村“两委”还开放给村民充分参与讨论，使方案更趋完善。紫南村的讨论会形式多样、方法灵活：召开村民会议之前，将会议要讨论的议题提前发给各村民小组，由各小组组织户主（或户主代表）进行讨论，村委会收集意见建议后对原方案进行修改完善；村里召开党员和村民代表会议决定重大事项时，每次都提前通知，让与会者事先收集村民意见，开会时都要组织与会者认真讨论发表意见，并吸收有益意见和建议对方案进行完善；对需要广大村民共同参与的事项，村“两委”则要组织村民广泛参与讨论。

“遇事村‘两委’先开会，接着是党员大会讨论、村民代表会议表决，涉及村内重大事项，让全体村民来投票决定。”对于村中的议事流程，村民霍顺娟熟稔在心。如今这样的议事习惯，几乎为每个紫南人所熟知。

刚开始，有些村民持怀疑态度，认为这是做样子、走过场，有的应付了事，有的持观望态度，但潘柱升和同事们真心实意组织村民参与村务管理，凡是涉及村民切身利益的都要让村民民主决策、民主监督，这使村民参与民主决策、民主管理的积极性空前高涨。

2019年6月26日晚，在紫南赋文化广场，紫南村来了一场“全村表决”。

当天晚上，5000多名年满18岁的紫南村村民，整齐有序地坐在广场中央，听潘柱升介绍紫南村发展文旅产业的意义，通报创建国家4A级景区的发展进程，描绘紫南村打造大湾区旅游休闲地的美好前景。潘柱升代表村“两委”班子希望村民支持投票通过《紫南生态园土地出租方案》。

当天发出选票5105张，收回表决票5103张，其中有效票5077张，无效票

26张，同意票5035张，不同意票42张。投票参与率高达99.96%！同意率高达98.67%！

很多具有农村工作经历的人不得不赞叹，在一个拥有1800多户家庭6800多户籍人口的行政村，竟然能有如此之高的投票参与率和同意率，这非常难得。

在紫南村，这并非偶然。2010年以来，紫南村共有五项重大决议案以村民会议形式表决通过：2010年1月9日，紫南村以83.22%的同意率通过了《紫南村集体经济组织股权内部流转及配购方案》；2015年9月20日，分别以87.80%和89.96%的同意率，通过了《紫南集团公司章程修正案（第一次）》和《紫南村房屋限制出租暂行规定》；2019年6月26日，以98.67%的同意率通过了《紫南生态园土地出租方案》；2020年11月14日，以99.90%的同意率通过了《紫南村集体经济组织章程修正案（草案）》。

从五项决议案的同意率来看，村民的参与热情，一次比一次高，同意率也是一次比一次高。不仅如此，13年来，上百项由村民代表会议或村民会议通过的决议案，同意率都是越来越高。这充分表明，紫南村村民群众对村“两委”投下的

2019年6月26日，紫南村召开村民会议，以98.67%的同意率通过《紫南生态园土地出租方案》

是“人心票”“信任票”“满意票”“希望票”。

紫南村村民邱沛雄说，以前村“两委”与村民的沟通和交流比较少，宣传不到位，造成了信息闭塞、问题堆积的现象，干群矛盾时有发生，自从实行了民事民议、民事民办、民事民管，紫南村面貌焕然一新，凝聚力大大提升，重大事项表决高票通过也成为必然。

6.改变落后村容村貌，如何让村民凝聚共识？

治理乡村最难的是凝聚村民的共识。

尤其在整治环境和美化村容村貌上，不仅要硬件的投入，更要改变农民长期以来形成的生活习惯、行为方式，让其自觉支持并参与，汇聚改变落后村容村貌的群众力量。

如同其他乡村一样，紫南村的村民刚开始也因为只重眼前利益、关注分红而忽视了对环境的美化。那么村委会是如何逐渐改变村民认识，又因为怎样的契机触发了村民的觉醒？

> 要改变紫南村的落后面貌，关键是换思想，因此最重要的是要教育好村民。

当年，潘柱升重新回到自己的家乡紫南时，眼前的一幕幕令他十分痛心：垃圾堆积、污水横流、摊档乱摆……

“当时新一届村‘两委’一致认为，‘宁可少些分红也要美化环境’，这一点不能动摇。事实证明，我们坚持了13年的路是对的。”潘柱升说。

到任后，潘柱升带领村“两委”班子开始了对村中环境的集中整治。

刚开始时，不少村民对此不理解，有的认为把集体收入用来分红就最好了。

在潘柱升的提议下，村委会组织每户村民派代表到远近闻名的文明村顺德逢简村考察，以提高村民的城市意识、环境卫生意识。

从2014年7月中旬开始，紫南村利用大约半个月时间，包了几辆大巴，组织全村1800多户的户主，分批次到顺德逢简村参观。与紫南村相比，逢简村居住环境怡人，村容村貌整洁有序，是当时许多村庄不能比的。

这一次在紫南村被称为“史无前例”的参观，给村民带来的思想冲击是巨大的，对村民转变思想观念产生了深刻的影响。很多村民逐渐认识到，既要村中的经济发展、分红增加，也要有好的生活居住环境。

回村后，村委会又组织村民开展“环境大提升，我家怎么办”的大讨论，用先进事例教育村民，让村民认识到村居管理、环境卫生与每个人的生活和身体息息相关，提升了村民的自觉性。

从逢简村回来以后，紫南村再推进脏乱差的整治，众多村民就开始主动配合了。

为了凝聚村民对环境整治的共识，紫南村还通过《紫南报》和“仁善紫南”微信公众号，以村“两委”的名义向紫南村村民和“新紫南人”发出公开信及倡议书，或通过《村民议事厅》栏目，向村民晓之以理，动之以情。自2008年以来，紫南村发出公开信、倡议书或《村民议事厅》文章达30多次，向每家每户发出书面倡议书和公开信达20多万份，与此同时，通过大会动员、组织志愿者宣传队走村串户进行反复宣传教育，对于提升村民的环境整治意识，起到了春风化雨，润物无声的作用。

第二节 领头雁带出好班子

7.农村干部如何培养“非权力影响力”？

村民富不富，关键看支部；村子强不强，要看领头羊。农村党组织书记是否有公信力，事关农村基层政权是否稳定。

在现实中，有的农村党组织书记缺乏坚定的理想信念，导致农村党组织开展的工作难以获得其他干部群众的认可和支持，又或者仅仅依靠个人强势作风独断专行，在一定程度上也加深了村“两委”与群众之间的隔阂和矛盾。

作为党在农村基层建设的第一责任人，农村党组织书记在以身作则的同时，还要充分发挥领头雁的作用，抓好班子建设，带领村“两委”干部服务村民，推动全村经济社会不断向前发展。这对农村党组织书记的综合能力提出了很高的要求。

如何树立起村干部在干部群众中的公信力？村干部如何能够做到不仅自己一心为村，还能带动身边的人一起奋进、勇于担当？这些问题，紫南村都曾遇到过。面对百废待兴、干群关系紧张、干部斗志涣散的状况，紫南村如何破局？

> 农村干部不能老是靠行政命令去管理党员干部和村民小组长，必须用人格魅力来影响他们。最重要的一点是要以身作则，从身边一点一滴做起，让老百姓了解你、信任你，继而信服你。

长期经营企业的潘柱升深知，一家企业的管理者如果仅以权力去影响员工，那么这家企业一定不会走得太远。企业需要培养一种文化，企业领导层需要以人格魅力去感染员工，以宏伟的目标去激励员工为之前进，这样企业才会乘风破浪。

管理企业是如此，治理农村也是如此。担任村干部以来，潘柱升一直注意把企业管理的经验和理念融入基层治理工作中，让班子建设真正经得起考验。

2007年11月，在被选举为紫南村党支部书记之初，潘柱升就当众作出了“四个不”的承诺：任职期间，自己不在村里租一寸土地、不在村里办一个企业、不拿一分钱公资、不在村委会安排一个亲戚。“可能有人会不相信，但是你们随时可以监督我。我欢迎你们的监督！”潘柱升向村民们说。

在后来的工作中，针对班子建设，他给村“两委”干部提了一个课题：为什么之前的村干部没有做好紫南的工作，没有使村民信服？村“两委”干部们结合自己的亲身经历，对村委会过去的不足进行了认真而深刻的反思：有人归咎于班子不团结，有人归结为村干部脱离群众、在村中没有威信，也有人认为是因为过去某些村干部滥用职权谋取私利……

听到大家的反思，潘柱升借势提出了“三点论”：“第一是‘学一点’。在我任职期间，我们班子成员和其他身边的人，能在我和其他人身上学到一点东西，让每个人都能发挥所长，共同进步。第二是‘得一点’。我们这届班子在任期间，我们让村民得到了什么，我们工作的目的，就是要让老百姓得到一些实实在在的东西。第三是‘承一点’。我们班子成员要多为村民小组长承担责任，不要有功劳就往自己身上捞，有责任就往别人身上推。”

在潘柱升看来，“非权力影响力”包含三种能力：业务能力、沟通能力、驾

2020年新当选的紫南村“两委”成员

驭能力。也就是说要懂农村工作，要善于跟村民和各方面打交道，要能驾驭农村里复杂的熟人社会关系。

通过“非权力影响力”的培养，以潘柱升为“班长”的紫南村“两委”班子公信力明显提升。村民清楚地看到了，潘柱升和村“两委”干部想干什么事，都不是为自己捞好处、谋私利。这十多年来，紫南村“两委”班子不仅干了很多容易干、短期就能见效益的事，也干了很多不容易干、要过几年才能看到效益的事。

“我认为这就是老百姓对我们的信任，对我们的期待，对我们的认可。”潘柱升说，“让老百姓相信你、认同你，从而通过农村基层党组织来认识到中国共产党的伟大，支持和拥护党，这是农村基层党建工作富有成效的重要表现。”

8.好“班长”如何带出好班子？

“火车跑得快，全凭车头带。”在农村治理中，这个“车头”并非仅指村党组织书记或者村委会主任，还包括了作为农村治理主体的全体村干部。

在我国不同地方和不同发展阶段，为了快速解决问题办成事，不少乡村出现了“强人治村”“能人治村”的状况。不可否认，不少“强人”“能人”的确为当地带来了发展。但是，如果只有“强人”“能人”，却没有形成“强班子”“好班子”，时间久了容易出现两极分化的情况：可能这些“强人”“能人”单凭一己之力无法形成发展合力，支撑不了农村的长远发展；也可能“强人”“能人”因权力不受监督，导致腐败，最终变成“村霸”，损害全体村民利益，这样的例子并不鲜见。

2007年，潘柱升以成功企业家的身份上任紫南村党支部书记，在很多人眼中是位“能人”。如今，紫南村班子能人辈出，个个都能独当一面，身为“班长”的潘柱升，做对了什么？

船的力量在帆上，人的力量在心上。人心齐，泰山移，团队的力量不在于人多，而在于心齐。“互相补台，好戏连台；互相拆台，大家都下台。”班子的团结，首先要珍惜缘分。人生几十年，

> 相聚就是缘，“十年修得同船渡”。班子的团结，在于相互尊重，相互理解。你把自己的朋友当成宝，你就是聚宝盆，你把自己周围的朋友当成草，你就是草包。班子的团结，还要善于吃亏，善于吃苦。吃亏、吃苦与吃饭一样都能让人成长。我们要强调团结但不结党营私、不拉帮结派。团结是各项工作发展的前提，是政治生态的关键。

潘柱升刚回到紫南村的时候，紫南村的班子是什么样的呢？时任紫南村党支部副书记的潘伟添最有发言权：“每天都有人来村委会拍桌子，因为土地、租金之类的问题，有的村民一坐就是一整天，抽烟、吵吵闹闹，吵得人头疼。我当时心里很想辞职，觉得干不下去了。”

潘柱升上任前的紫南村，村班子软弱涣散，在群众中的威信不高，干群关系十分紧张，甚至发生过村民在大会上抢麦克风、掀会议桌的情况。

说起那段让人皱眉头的日子，潘伟添概括潘柱升后来的做法：“就是动真碰硬，推动班子作风转变。”

为了尽快转变村干部作风，潘柱升提出了“三点论”：村干部要以身作则，学一点、得一点、承一点。“学一点”就是让群众在干部身上学到东西，“得一点”就是要让群众在经济社会发展中得到实惠，“承一点”就是干部要有担当。“三点论”推动了班子作风转变，使整个班子的面貌焕然一新。

“农村工作不容易做，能否圆满完成，关键因素在于人。《贞观政要》中所说的‘为政之要，惟在得人’就是这个道理。”后来，潘柱升又发展了他的“三点论”，总结出一个“合格村官公式”，即“胸怀＋目标＋担当＋沟通＋自律＋制度＋团队＝合格村官”。

潘柱升始终坚信，一个好干部需要具备三项能力：业务能力、沟通能力、驾驭能力，“若是能使整个班子的成员们都培养出这三项能力，我相信这一定是一支战无不胜、攻无不克的‘必胜之师’”。

“其实，一条村、一个村委会就好像一个大家庭，我们要团结村民一起‘拍硬档’经营好这个‘家’，千万不要‘拆档’‘散档’，要众志成城一起将这个‘家’的业绩做上去，这样自己的人生不就一起辉煌了吗？”

如今，在“班长”潘柱升的带领下，紫南村的班子团结一心、作风正派，有担当、有干劲，团结和带领全体村民走上了一条乡村振兴的康庄大道。

9.曾经的反对者如何变成坚定的拥护者？

在农村，意见分歧形成争论颇为常见。其中，在任者往往也容易遭受到一些反对者的质疑，容易起纠纷，甚至出现打击报复的行为。

潘柱升到任后，也面临着类似的问题。潘柱升既没有一笑了之，也没有“以牙还牙”，而是以实际行动融化误解的坚冰。当初旗帜鲜明的反对者是怎样成为村“两委”坚定的拥护者的？

> 村里曾经有人带队上访，这里面不乏一些真心为紫南发展着想的人，尽管有一些人曾经提出反对意见，但我觉得出于公心，应该要给予他们重任，给他们平台施展自身才干。

潘柱升回乡任职初期，村里的质疑声、议论声并不少。

“一开始，在村里的大会上，他把目标定得很大，有人说是‘吹牛’。”潘根辉回忆。当时，作为村民代表的潘根辉，一度和一些村民一起向村委会“叫板”，甚至阻止村规民约执行。

让潘根辉感到意外的是，2008年底，村民的年分红一下子增加到2600元。之后几年，每年人均分红都保持10%—15%的增长，村容村貌也在新班子上任一年后就发生了质的改变。

潘根辉感叹，一路下来，潘柱升带领的班子为村集体着想，为村民谋福利，让村民过上了实实在在的好日子。

潘根辉因为帮助村民拆除猪舍、改善水环境有成绩，得到村民的一致肯定，2010年被推选为东岗村村民小组长。

10.非户籍党委委员是怎么产生的？

随着我国城市化进程的不断加快，许多城市逐渐面临土地资源瓶颈。在一些经济发达地区，越来越多的产业向农村转移。产业的转移带来人口的迁移，使许多农村的外来常住人口已经超过本村户籍人口，这在珠三角地区尤为明显。大量外来人口的进入，给农村的治安、环境和一系列社会治理带来新的挑战。倘若管理者还是局限于户籍人口，很难满足新形势下基层治理的需要。

紫南村现有户籍人口6800多人，外来人口7200多人，大小厂企60多家。如何弥合本村村民与非户籍人口之间的分歧与矛盾，服务好全体常住人口，让大家都成为紫南发展的强大助力，是摆在潘柱升面前的一道考题。

> 紫南没有外地人，大家都是一家人。紫南虽然是一个小乡村，却是个干大事的舞台。不管你是本地人还是外地人，只要有一颗服务村民的心，就不怕大家不支持。

禅城区于2017年4月探索在村委会、居委会等基层组织引入非户籍常住人口参与治理，试点的重点在社区。得知这一政策后，潘柱升觉得“为基层‘解了渴’，这恰好是紫南需要的”。紫南村作为农村先行先试，在禅城区四个镇街53条行政村中饮了“头啖汤”。

让非户籍人口进入村党委班子，说起来容易做起来难，必须要过全体党员投票这一关。紫南村党委将人选锁定为已经在该村当了好几年文化顾问的贵州人李扬。李扬参与过紫南村不少大型文艺晚会的策划，不过他对参选还是很犹豫：“困难还是在于如何让村民接受。像我之前虽然在村里也算是熟面孔，很多村民都知道村里来了个‘教授’，不少人都亲切地叫我扬子老师，但是仍然有一部分村民不接受，说我连紫南方言都不会说。”

潘柱升首先做李扬的工作：“紫南虽然是一个小乡村，却是个干大事的舞台，一定有你发挥作用的空间。不管你是本地人还是外地人，只要有一颗服务村民的心，就不怕大家不支持。”

为了赢取村民的支持与信任，选举前，紫南村举办了多次座谈会，把李扬介绍给党员、村民、村民小组长、外来务工人员等认识，帮助大家尽快对他有一些了解。“村民反馈的信息是他们都希望我来，这让我有了信心。”李扬说。选举当天，经过紫南村全体党员投票，李扬高票当选新一届村党委委员。

紫南村于2017年成立了非户籍人口党支部，把辖区内非户籍党员全部纳入村党委管理。每次党员大会、村民代表会议都会邀请部分企业负责人、党员以及非户籍企业职工列席，鼓励其主动积极发声，为村内各项事业发展建言献策。

尝到了非户籍常住人口参与农村治理的甜头，紫南村党委选择了华南农业大学退休干部卢新勤作为非户籍党委委员建议人选。一开始，卢新勤以文化顾问、党建工作指导员身份，参与紫南村的文化建设工作。2019年1月，经党员推荐、组织考察、党员选举、组织审批，卢新勤成为紫南村党委班子的第二名非户籍党委委员。2020年12月，华南师范大学毕业的硕士研究生刘路当选为紫南村党委班子的第三名非户籍党委委员。

引入非户籍人口参与本村治理很有必要，因为他们是“新紫南人”融入村里的桥梁。

2019年1月，卢新勤补选为紫南村党委非户籍委员

2020年12月，刘路当选为紫南村党委非户籍委员

11.如何把支部建立在村民小组上？

《中国共产党支部工作条例（试行）》明确，村党支部全面领导隶属本村的各类组织和各项工作，围绕实施乡村振兴战略开展工作，组织带领农民群众发展集体经济，走共同富裕道路，领导村级治理，建设和谐美丽乡村。

提升基层党组织的组织覆盖力，就是要推动党的组织有效嵌入各类社会基层组织，党的工作有效覆盖社会各类群体，做到应建尽建。

那么，应该如何充分发挥党组织在村民小组一级基层治理中的作用，激发党员的活力？

紫南村的14个党支部，是村党委延伸在各村民小组中的党组织，村党委按照上级的要求，做到哪里有群众哪里就有党的工作，哪里有党员哪里就有党的组织，哪里有党的组织哪里就有党组织作用的充分发挥。

“请配合测量体温，体温正常！”

“这里，喷洒消毒水密度要高一些！”

“大家要勤洗手，要戴口罩，少外出，不串门，不要聚餐啊……”

新冠肺炎疫情发生以来，这些话每天都在紫南各村民小组党支部党员口中被无数次重复着。

面对疫情，充美村民小组党支部冲锋在前，勇于担当。“我是党支部书记，我更应该在一线抗击疫情。”时任充美村民小组党支部书记罗燕云总是这样对党员们说。

充美村民小组党支部共有22名党员，分为四个工作组，疫情防控期间，他们每天早上7时不到便已到岗开展疫情防控，风雨无阻。很多不是当天值班的党员也会到一线支援，每天至少有七个党员在充美村民小组内承担消毒、宣传引导、派传单、测体温等工作。

这些党员中，有收起课本走上抗疫前线的老校长刘瑞妹，有舍下孩子背起抗疫宣传音响的“外嫁女”潘月萍和潘美珍，还有企业工作繁忙但仍牵挂着家的物业高管潘伟锦和潘志新。他们在疫情期间舍小家为大家，无论多忙都要抽时间为支部防疫工作奉献力量。

“我看到支部党员每天宣传、消毒、劝散人群，现在村里聚众聊天、打牌的人没有了，每天测体温，我觉得安全有保障了，太感谢他们了。”谈起党支部在村中的作用，充美村民小组村民罗姨连声称赞。

沙边村是紫南占地面积最大的自然村之一，由三个村民小组组成，该自然村党支部有党员17人，潘伟显是党支部书记，村民们亲切地称他为“显哥”。“显哥”自疫情防控工作开展以来带领一众党员奋战在一线，在测温点驻守了一天又一天。“我们党支部党员人数不多，其中还有几个年迈的党员。不过每位党员都勇于担当，尽心尽力地做好防疫工作。”

像充美、沙边这样的村小组党支部，在疫情大考中作为坚强的战斗堡垒，所发挥的作用得到了充分的彰显。

根据上级党组织要求和紫南村党建工作实际，紫南村以“一个党员一盏灯”“一个支部一座塔”的工作理念，把支部建立在村民小组上，将村党委原下辖的4个党支部调整为14个党支部，全面覆盖了20个村民小组。

为提升党支部书记的工作素养，紫南村党委开展党支部书记培训工作，潘柱升作为村党委书记对各位支部书记寄予了厚望。此外，紫南村还严格执行“三会一课”、组织生活会、谈心谈话、党员民主评议等党的组织生活基本制度，落实主题党日等有效做法，坚决防止软弱涣散，推动党支部生活方式、工作方式、活动方式的创新，真正把党支部建设成为一个个坚强的战斗堡垒。

作为服务型党组织，紫南村党委要求党支部把村民当成亲人，认真落实村内各项惠民政策，着力解决群众生活中的困难和问题，扎实做好村民服务工作，切实维护村民的切身利益，严格执行党的纪律，不搞特殊，不谋私利，以身作则，带头执行村“两委”会议决议和村规民约。

潘群英是沙边三村的村民小组长，也是村民小组党支部委员会委员。2015年紫南村“两委”开展人居环境整治之时，她带头将自家早年建好的花园拆除。“我和村民说，我现在个人损失的只是小数目，长远来看对于环境益处很多，为了公共利益一定要支持村‘两委’的工作。”潘群英作为党员率先垂范的行为感染了身边的村民，带动起不少人自觉支持村“两委”的工作。

“这么大的一条村，单靠村党委估计很难能完全覆盖各村民小组的日常事务，将支部建在小组上，把党建工作的管理渗透到基层治理的神经末梢，效率更高，服务的效果更好。”村西村北村民小组党支部党员梁沛玲说。

12.党员的先锋模范作用怎么发挥?

党员是党的肌体的细胞，是我们党在农村的基本队伍。充分发挥党员、干部的先锋模范作用，让党旗在基层一线高高飘扬，团结、带领广大农村群众积极投身农村改革发展，成为乡村振兴的重要力量。怎样才能激发党员在乡村治理中的积极性?

> 我是党员，无论担任何种职务，不论从事何种工作，无论管理何种企业，都要将党员身份亮出来，将成绩做出来。我是党务工作者，必须将党建工作抓起来，生命只能向前，永远坚定对党的信念！

2020年初，面对突如其来的新冠肺炎疫情，从大年初二开始，紫南村全体党员都参加了抗击疫情的斗争，村委会全体工作人员也都放弃了休假，回到了工作岗位，站在了抗击疫情第一线。

紫南村党员按照村党委要求，深入各村各户，对紫南辖区内所有外来务工人员信息进行摸底排查，每日定时定次电话询问、发送短信、张贴海报、派发宣传单、统计数据、定点检测体温、清洁消毒、维护村内治安稳定等等。开展各项疫情防控工作时，随处可见共产党员的身影。

潘敏矿和梁燕容，紫南澳边村的一对党员夫妻，因为疫情在家等待复工。2020年1月30日，澳边村党支部召开疫情防控工作会议，他们俩主动请战，双双奋战在紫南村抗击疫情第一线。

“我们是共产党员，也是紫南村的一员，我们有责任、有义务在当前控制疫情的工作中，尽能力为村民做一点实事。”潘敏矿和梁燕容拥有共同的信仰与使命，勇敢地站在抗击疫情最前沿，穿上大衣，备上雨具，戴好口罩，手持体温计，坚守在村口，热情地为每个过往的村民检测体温，并不厌其烦地向村民说明注意事项，叮嘱他们一定戴好口罩，不要外出，少串门，少聚会。

而在紫南充美村民小组，46岁的党员潘广潮是“一桶超市”的老板，拥有七家烟酒行、三家超市。虽然生意很忙，但他一直热心村里的公益事业，支持村里的工作。为响应村党委的号召，疫情严峻期间，他参加搞清洁卫生、贴海报、拉横幅等工作，拎着音响在村子里转悠，宣传疫情信息，和其他党员一起轮岗。

潘广潮直言，自己是一个生意人，更是一名共产党员，是党员，就必须要有担当，必须冲到一线。“虽然我天天来轮班上岗，对我的生意产生了一定影响，但我付出了努力，让大家都健健康康，这场战役结束得越早，大家的损失就越小。”

疫情期间，紫南村党员先锋模范作用得到充分发挥和集中展现。充美村民小组党支部党员刘瑞妹说，现在党员在村里的作用很大，村里有什么大事都是党员带头，由党员负责自身所在的家庭的组织、宣传工作，与亲戚朋友要讲清楚什么时候要表决什么事。“村民对党员也更加信服，一旦村有大型活动，党员就要站出来，走在最前面。”

对标先进，强化优势，补齐短板，紫南村还实施了党建工作的“3568”工程。分别是推进从严治党向基层延伸的“三个确保”：确保村党委的领导核心地位不能动摇，确保党员管理工作不留任何空白地带，确保村组两级党组织不能软弱涣散；发挥党员先锋模范作用的“五大党群先锋队”：应急支援保障队、紫南故事宣讲队、生态文明建设队、便民利民服务队、民意民情沟通队；促进村企党组织共建共治共享的“六个联合”：党建工作联合、规划发展联合、公共事务管理联合、宣传营销联合、重大活动策划联合、环境整治联合；坚持走前列、当表率，继续巩固党建工作的“八个率先”：率先公开招聘选拔和培养后备干部、率先建立村级党委理论学习中心组制度、率先引进非户籍党委委员和党建工作指导员参与乡村治理、率先把党支部建立在村民小组上、率先对党员实行量化积分考核管理、率先建立村级直联工作队、率先建立村级新时代文明实践站、率先设立村级纪委深化廉洁村居建设。

2020年9月13日上午，紫南村一纸倡议书吸引紫南辖区合计210余名党员志愿者齐上阵，参加9月19—22日在紫南村举办的第四届佛山（禅城）旅游文化周暨紫南文旅嘉年华、2020年佛山市庆祝农民丰收节暨“百里芳华”建设成果展的党员志愿服务活动。

充美村民小组党支部的刘瑞妹、叶瑞兰和沙边村民小组党支部的潘永均虽已年过60岁，但他们主动请缨，向紫南村党委表决心，一定要参加党员志愿服务。志愿者们有的手拿沙铲清扫农地上的瓦片和砖头，有的将清理出的垃圾装进箩筐，有的手推满载的斗车朝着垃圾暂放点飞速前进，党员们身体力行地为阿农湾“减负”，扮靓紫南。

近年来，紫南村按照《禅城区普通党员设岗定责工作实施方案》的要求，因地制宜地为普通党员设岗定责，为全村党员建立了《紫南村党员日常教育管理年度积分登记台账》，在党费缴纳、参加党的组织生活、党员集体活动和志愿服务、完成村党组织交办的任务以及是否按规定和程序办事、是否对村集体作出贡献等，进行严格的量化考核，既有扣分项目，又有加分项目，做到奖惩结合。

强有力的党建工作，让紫南村党委获得了“广东省先进基层党组织”称号，而紫南石邱村民小组党支部也获得了“佛山市模范党支部”称号。

2020年9月，紫南村党员在紫南村阿农湾农耕文化园开展志愿活动

13.先进村帮扶后进村，如何开展队伍“传帮带”？

在南庄镇，各行政村之间存在发展不平衡的问题。作为从大乱到大治，实现华丽蜕变的明星村、先进村，紫南村也肩负起带动后进兄弟村的使命。

历经十多年探索出来的经验如何推广应用到其他村？怎样做好“传帮带”？

> 紫南要有胸怀，先进帮扶后进，共奔幸福小康路。兄弟村的发展遇到困难，紫南应该义不容辞“扶上马，送一程”。紫南在推进改革过程中也并非一帆风顺，能够取得今天突出成绩，关键是靠一班为人先、身先士卒的党员干部不懈努力、冲锋在前。结对帮扶兄弟村，关键也是要从强化党组织建设的引领作用着手。

按照上级工作部署，紫南村用了一个月的时间对帮扶村进行摸底调研，共举行了十场座谈。

“村里具备天时、地利，只欠人和。”经过系统调研，潘柱升发现，因为历史原因，这个村内外矛盾、新旧矛盾不断叠加，村民与村“两委”之间信任感弱，难以形成凝聚力。

“紫南在改革时期也并非一帆风顺，能够顺利改革，取得‘全国文明村’的称号，靠的是一班肯做、能做的干部和工作人员的努力和坚持。”在潘柱升看来，好的村委会要做到的是让工作人员的汗水和付出令群众满意、令上级党委政府放心。村“两委”干部要有胸怀和事业，工作人员要有做实事的能力，党员要提高奉献意识，做到敢为人先、身先士卒，有苦党员先苦，群众才会跟着党员迎难而上。

在为结对村“把脉”后，紫南村制定了帮扶方案。第一步就是以党建为引领，开展队伍“传帮带”，强化结对村“两委”干部的领导力和执行力。

紫南村还参与结对村重大事项的决策咨询，定期召开双方结对帮扶工作小组联席会，研讨结对村在发展过程中存在的问题，尤其是在破解历史遗留问题、策划与实施未来发展项目等方面，并邀请结对村“两委”干部参与本村的项目研讨、文化建设、大型活动策划等工作，在实践中交流和传授先进的管理理念及实践经验。

“紫南的经验可以让我们少走弯路。”对于紫南村的结对帮扶，结对村党委书记说，紫南村的昨天就是自己村的今天，紫南村的今天就是自己村的明天。他有信心在紫南村的帮扶下，培养打造出一支工作能力强、作风好的干部队伍，引领全村迈向美好的明天。

“通过紫南的‘传帮带’，我们的两个文明建设和乡村振兴工作取得可喜的成效。”结对村党委书记说，帮扶期间，村“两委”和党员、村民代表多次受邀参加出席紫南村开展的党委理论中心学习组学习和党员大会，为紫南村对党组织事务的高度重视和严谨氛围所感染，强化了村“两委”干部的领导力，提高了党员的综合素质，增强了党的凝聚力和威信。

第三节 引进人才为乡村造血

14.村“两委”怎样培养后备干部？

随着城镇化的推进，今日中国的许多农村已经不再是传统的封闭式农业社会，以种植业、养殖业为主导的农业和农户个体经营逐步退出历史舞台，取而代之的是集体土地租赁、辖区企业的协调发展和村民小组社区的综合管理。乡村治理需要创新，需要高素质的干部管理乡村，需要大量的人才参与乡村建设，更需要能够引领时代发展的村后备干部。

潘柱升回乡后，紫南村“两委”班子结构得到了逐步优化，班子整体素质有了很大的提高，但是仍然存在班子成员年龄偏大、文化素养偏低、能力偏弱等问题。紫南村如何破除“无人可选”“随意指定”“自然成熟”等村干部培养的传统难题？

> 发展到一定程度的基层农村，需要大量的人才充实，唯有这样才能赢得未来的先机。紫南公开选拔后备干部真正挖掘到了村内潜在人才，他们是基层农村最渴望的。我们举办公开选拔的目的就是让更多政治素质高、人品好、能力强、懂经营管理、有乡土情怀的“新鲜血液”充实到村后备干部队伍中来，激发村民爱村、共建紫南的积极性。

近年来，我国大力推进美丽乡村建设，基层农村面临着难得的发展机遇，比以往任何时候都更加需要充满创新创业激情、具备较高综合素质和富有战斗力的优秀年轻管理人才。“紫南村后备队伍的‘空白’，对后续发展不利。”潘柱升说。

认识到这个问题，2017年3月，紫南村率先在佛山市实施后备干部培养三年行动计划，公开选拔了三名后备干部，成为佛山市首个面向全社会公开选拔后备干部的农村基层组织。

紫南村“两委”从制度设计、具体操作、动态管理三个方面扎实开展村级后备干部选拔工作。

制度设计方面，紫南村主动培养村级后备干部、规划保障村“两委”班子传承发展，形成了一套加强后备干部人才队伍建设的“组合拳”，制定了《紫南村后备干部选拔实施方案》，公布《紫南村关于招聘后备干部的通告》，规范村级后备干部选拔办法，明确用人导向。

具体操作层面，紫南村针对24岁至35岁、具有大专以上学历的村民进行全面摸底调查，通过推介会、报名、笔试、面试等一系列严格的选拔流程，确定后备干部人选初步名单。“紫南村当时的班子平均年龄47岁，三个‘60后’、两个‘70后’、一个‘80后’，成员年龄普遍较高，青年人所占比例较少。”潘柱升介绍。因此，紫南村首次公开选拔将目标瞄准了24岁至35岁的年轻人，破解“后继乏人”的难题。

据村委会摸底了解，紫南村符合应聘条件的青年预计有300多人，其中约有三分之二的符合条件者参加了后备干部招聘推介会，反响热烈。他们当中，有的是退伍军人，有的是企业员工，有的是政府工作人员，有的则是一直在外务工的打工仔，还有的是已经在村里工作了一段时间的工作人员。

公开选拔的程序是先向南庄镇组织工作办公室报批，分为笔试、面试两个环节进行，综合总分前三名的应聘者成为村后备干部。

为了能够精准选拔出所需的后备干部人才，紫南村特邀华南农业大学副教授姜美珍作为笔试出题人，试题内容涵盖农村制度、农业知识、法律知识、文学知识、计算机应用等，题型分为单项选择题、多项选择题、判断题、分析简答题、论述题。考试严格按照国家考试标准，分为试卷册、答题册，并制定了标准答案和评分细则，考前由第三方机构严格保密保管，考后密封批改评分。最后共有29人参加了笔试，其中19人拥有本科学历，分数前十名者进入面试。

面试过程全程向媒体公开，每名面试者在10分钟内回答自己所抽的三道题目。而面试的考题也与农村基层治理密切相关，比如请考生谈谈当前农村基层工作的重点和难点是什么、老百姓最欢迎什么样的村干部等。最后，根据思想认识、工作表现等情况，对后备干部初步人选进行组织考察，研究确定村后备干部人选，经公示无异议后报南庄镇组织办公室审查，最终确定人选。

经过16天的公开选拔，紫南村于2017年3月15日完成了对后备干部的首次公开选拔，诞生了三名后备干部人选，分别为中山大学毕业的罗章江、暨南大学毕业的邱志德和佛山科技学院毕业的潘裕泰，三人学历均为本科，平均年龄27岁。出于对家乡的热爱和“想要为家乡作点贡献”的愿望，三人均甘愿放弃当时已有的在企业和政府机关的工作，投身家乡建设。根据紫南村“两委”工作安排，三人于当年4月1日正式上岗，分别安排在国土建设规划岗、文化建设岗和紫南商贸城管理岗等重要岗位学习实践。

特别值得一提的是，紫南村坚持后备干部的动态管理，有计划地将脱颖而出的后备干部安排到相关岗位跟班锻炼，让后备干部有充足的时间熟悉和了解农村工作。同时，明确即使进入后备干部库也不一定就会被提拔使用的导向，还要在工作过程中观察其德、能、勤、绩、廉五方面的表现，以及其是否具备村干部应

2017年3月，经过16天的公开选拔，三名同志成为紫南村后备干部人选

具备的基本条件，以此促使后备干部发愤图强、力争上游、干出成绩，也避免了“换一个领导就换一片天地”的情况出现，确保德才兼备的人进入村“两委”班子，营造良好的用人舆论导向，为基层党建增添新的活力。

2020年12月，紫南村党委班子进行换届选举，“80后”的罗章江、邱静怡、邱永盛、刘路，“90后”的潘裕泰这五名青年，高票当选新一届紫南村党委委员。这次党委和纪委换届有五名新进班子的成员。班子整体平均年龄37.6岁，一名研究生，四名本科生。

“我们之所以大胆启用年轻人进班子，就是为了在做好充分的干部人才准备的基础上，着眼于紫南村未来的发展，作出战略部署。”潘柱升说。早在2017年，紫南村就意识到要实现农村的高质量发展，必须要选拔和培养一批高素质人才，因此率先在全市公开选拔和培养年轻后备干部，从高等学校吸引人才，助力乡村振兴。这几年，紫南村党委给他们压担子，委以重任，大胆培养使用。通过工作实践的磨炼，让党员和村民对他们从认识、了解到认可、信任，最终支持他们全部当选。

2020年8月，紫南村委会召开2020年届中述职和民主测评工作会议，紫南村两名后备干部在会议上作述职报告

2017年4月1日，紫南村召开后备干部会议

15.如何引进高校人才下乡组建党建和文化工作团队？

人才是第一资源。当前乡村振兴责任大任务重，迫切需要引导各类人才向基层、向乡村流动，助推乡村振兴。然而，目前农村的人才尚以本地土生土长的为主。而且由于城乡差异较大，基层发展相对滞后，目前不少农村还面临着人才“招不来”“留不住”“上不去”等问题。

紫南村十分重视人才振兴。先后从高校和新闻媒体单位引进退休教授、专业老师等，组建起党建和文化工作团队，目前村委会工作人员中共有高级职称3人，硕士生1人，本科以上有18人。紫南村凭何吸引这么多人才下乡，又如何让小乡村成为高校人才的大舞台？

乡村振兴关键在于人才振兴。在紫南村的后备干部队伍和工作人员队伍中，聚集了由一批“80后”“90后”的回乡大学生和新闻单位、高等院校的退休专业人才组成的高级人才团队，他们用自己的智慧、经验和专业能力，推动紫南村的乡村振兴向更高水平、更深层次发展。

如今在紫南村，有几个来自外省的城里人对村中的大小事务已经了如指掌、如数家珍。尽管他们粤语并不是那么熟练，但已经和村民打成一片，也赢得了村民的敬重。

华南农业大学副教授姜美珍是这批人里面来得最早的一个。她与紫南村在2016年结缘。

“说实在，我干了一辈子文字工作，当初听说要跑到村里来，是有点犹豫的。”姜美珍一直在高校工作，在子女的劝说下，已经退休几年的姜美珍抱着尝试的心态给潘柱升递投了简历。

令姜美珍意想不到的是，看完简历后，潘柱升十分开心，马上邀请姜美珍前来紫南村考察，并指着村里的贤德公寓说：“工作期间的房子任选，生活用品、家具、家电全部配齐，希望你把紫南也当作家。”

尽管如此，姜美珍一开始还是不太情愿。毕竟从广州到佛山的乡下，单是坐地铁转车都要3小时。除了物理距离，心理距离更是一道大坎。姜美珍的人生经历几乎都集中在城市，对农村了解甚少。

“年龄大一点没问题，这里是个大舞台。”在潘柱升耐心的劝说和极力邀请下，姜美珍最终答应来紫南村。

亲身接触紫南村后，姜美珍对农村的距离感逐渐消解。“这里到处清清爽爽、干干净净，跟城里差别不太大，工作氛围也挺好。”

大约待了三个月后，面对村里繁重而琐碎的工作，姜美珍开始感觉有点吃不消，曾多次提出要辞职，但最终都被潘柱升挽留住了。有一次，姜美珍手摔断了，她以此为由向潘柱升请辞。没想到，潘柱升坚持让她安心休养，等她痊愈后再来上班，还承诺“姜老师的办公室不能动，贤德公寓的住处不能动，手什么时候好，什么来”。

“那时候潘书记跟我说，紫南村是一盆大菜，‘姜’是提味的，没有‘姜’是万万不行的，6800多个紫南人都在等着你。这让我既感动，也感到了身上的责任。”姜美珍说。

潘柱升对文化人的尊重、对贤才的渴求，吸引了越来越多的“姜美珍”来到紫南，推动紫南村的建设发展。

姜美珍负责全村的宣传和办文工作。一开始村里负责宣传工作的只有一名大学生，姜美珍手把手地教导，并找来了大学生假期过来实习。“后来宣传工作队伍逐渐壮大，从最初的我们四处邀请媒体来关注，到如今媒体主动找上门来报道。”看着紫南村的发展，姜美珍颇感欣慰。在她的推动下，紫南村成功创建为“广东省村民委员会档案工作目标管理省特级单位”。

姜美珍介绍了自己的原同事卢新勤来紫南村。在高校时，卢新勤长期在党建、宣传战线工作，不仅拥有较高的理论水平和扎实的研究能力，思维也十分活跃。卢新勤来紫南村后很快就与村干部打成一片，还帮助村党委建立了理论中心学习组学习制度，为党建工作带来了新理念、新方法。

卢新勤在担任紫南村非户籍党委委员两年的时间里，把培养新闻宣传业务骨干、带好宣传文化队伍，作为其重要的工作职责。“作为曾经的大学教师，毕生教书育人，这既是工作职责，也是专业技能。来到紫南村，无论是新招聘的年轻工作人员，还是年长的紫南村村民，见面就叫我‘卢老师’。我想，‘老师’，不仅是指称我过去的职业，也是我在这个小乡村应当履行的一份责任。”

在紫南村委会上班的工作人员，很多是刚出校门的大中专毕业生，业务生疏，缺乏工作经验。三年来，卢新勤教他们提高语言表达和文字写作水平的能力，教他们策划和组织大型文体活动的方法，教他们新闻采编的技巧和业务知识，甚至对他们写的每一篇文章，像修改学生作文似的，逐字逐句进行修改，进行点评。“每当看到这些年轻人在自己的指导下，成长为一名业务骨干、一把工作好手，心中无限欣慰，又找回了那种‘园丁’似的满足和快乐。”

小乡村，大舞台，汇聚八方贤才。随着紫南村不断抛出招贤纳士的橄榄枝，越来越多怀揣着梦想的年轻人竞相加入紫南村发展建设中。刘路便是其中一名，身为知名高校的研究生，辞去广州民办高校教师工作的她，来到紫南村担任紫南文化园的副总经理，将自身的奋斗与紫南的文旅梦紧密相连起来。2020年12月，在紫南村党委换届选举中，她当选为紫南村第三名非户籍党委委员。

姜美珍、卢新勤、刘路等人的故事，是紫南村广揽高校人才推动乡村发展的缩影。近年来，紫南村积极拓宽人才视野，从回归乡贤、回乡大学生和高等学校退休教师、党政机关退休干部中引进人才，形成了中高级人才团队，以出谋划、提水平、带队伍、育人才、助宣传为主要任务，指导和帮助紫南村提升党建工作水平、实施“文化立村、文化兴村、文化强村”工作、强化“三馆一站”（广府家训馆、佛山好人馆、紫南村史馆和新时代文明实践站）的宣传教育功能，带领和培养年轻队伍，村党建工作队伍和文化建设队伍素质明显提高，力量大大增强，为实现紫南的乡村振兴带来强大的人才动能。

紫南村文化顾问姜美珍（左一）带领《紫南口述史》编撰人员来到村头村民小组，入户采访梁苏虾老人

16.到村委会工作为何要大专以上学历?

产业兴旺要有人干，生态宜居要有人气，乡风文明要有人育，治理有效要有人为，生活富裕要有人享，有了“人”的参与，乡村振兴才能行稳致远。村干部是乡村振兴人才力量的重要支撑。

有人认为，对村委会干部的要求应接地气，注重其能力而非单纯关注学历。然而紫南村早在2008年就要求村委会招聘应聘者须有大专以上学历，这是为什么?

如果真的要改变紫南村，就要从班子开始抓，必须要从基础抓，所以我就开始在用人上着手。

在我们这个村委会，就是从大专以上学历这个起跑线上着手，紫南村招聘进来的人，关键是在推动工作的过程当中，让我们意识到有文化和无文化的区别所在。

从贵州回到紫南村后，潘柱升就开始思考村里面应该有怎样的干部、应该构建什么样的人才团队等问题。

“我一回来就感觉比管理企业更累。”潘柱升说。

那时，潘柱升与村干部讲话，他们大多要么在抽烟，要么接电话，并没有把心思放在与对方的沟通上。“我跟他们闲聊，我说‘你们到底怎么了’，他说‘没有什么，我们有在听了，都是这样的，我们听懂就行了’，但其实他并没有仔细思考和专心交流。”

在潘柱升看来，文化素质是干部必须具备并能不断提高的基础素养。当时村“两委”班子中，有两个干部，一个本科毕业，一个专科毕业，工作起来，让潘柱升感觉，受过高等教育的，与文化水平低的相比较，还是不一样。

每次村干部到镇政府开完会回来，潘柱升都会让村干部向其汇报会上主要说了些什么。有的人的回答含糊其辞、敷衍了事，甚至可以说“无厘头”，这让潘柱升哭笑不得。

而读过大学的那两名干部则不一样。他们会打开笔记本，上面记录了今天去镇里面参加了什么会议，谁主持的，内容有什么，与紫南村有关的情况有哪些。

“所以我当时就意识到，如果真的要改变紫南村，就要从班子开始抓，从基础抓，在用人上着手。”潘柱升说。

从2008年开始，除了食堂与保洁的后勤人员，紫南村提出，所有到村委会上班的人必须具备大专以上学历。

2016年以来，为实施“文化立村、文化兴村、文化强村”工作，紫南村又先后从高等院校、党政机关、企事业单位等引进担任过正处级领导干部并具有高级职称或中级职称的专家团队，他们为推动紫南村的组织振兴、生态振兴、产业振兴、人才振兴、文化振兴等增添了有生力量。

17.如何打造全省一流的双拥模范村?

近年来，随着国家退役军人服务中心的挂牌组建和省、市、县、乡（镇）、村五级服务管理体系的建成，我国对退役军人的服务管理工作越来越有序正规。

响应国家号召，紫南村在禅城区率先成立了“退役军人服务站”。这个新成立的机构将如何服务好退役军人，让他们在家乡建设发展中作出更大贡献?

> 把我们这些曾经穿过军装、扛过枪、接受过训练的老兵组织起来，利用我们曾经接受过军事训练、具有良好的团队精神、奉献精神、纪律服从意识、吃苦耐劳精神等优势，为保卫国家安全、保护家乡父老的幸福生活，形成一支强有力的国家应急支援力量。

2020年9月7日，早上8时30分，伴随着一阵集合哨声，来自紫南辖区的140多名退役军人齐聚紫南村委会的操场，“立正，稍息”“向右看齐，向前看”这些部队常用的训练口号，一下子唤起了大家对军旅生活的记忆。

当天到场的退役军人中，有的已经白发苍苍，有的依然血气方刚；有的已经含饴弄孙，有的仍在工作岗位上尽职尽责。

“无论我们年龄大小，只因为我们都穿过军装；无论我们今日是何种身份，只因为我们都扛过枪。”作为全国模范退役军人的潘柱升说。

当天，位于紫南村行政中心副楼的紫南退役军人服务站正式启用，这个服务站，架起村“两委”与退役军人沟通的桥梁，展示紫南退役军人的光荣业绩，营造爱国、爱军、尚武、学习国防军事知识的风气与时尚，为紫南退役军人提供应有的服务和帮助。

以此为阵地，紫南村还把退役军人组织起来，组建紫南村退役军人支援保障队，让紫南村的退役军人常怀报国之志，常思武备兵事，随时听从国家召唤。

“90后”退役军人潘勇达2010年应征入伍。退伍后，他回到紫南，为家乡发展贡献力量。“当兵的就是一块砖头，无论是现役还是退伍，哪里需要就往哪里搬。”潘勇达说。

来自广西贵港的阮乃金，1978年入伍做一名基建工程兵，曾在北京参与过不少地标建筑的建设，1982年退伍后的他回乡务农。2018年，一个偶然的机会，他加入了紫南大家庭，在村委会做门卫保安工作，以一名“新紫南人”的身份参与紫南的建设与发展。

“拥军就是筑长城，爱军就是爱国防。”潘柱升说，紫南村拿了无数的奖，获得了各种荣誉，在做好拥军优属工作方面也决不能含糊，要真正走前列、当表率，把紫南打造成全省一流的双拥工作模范村。

18.市区镇村党员干部为何都来紫南培训学习？

广大基层党员干部是贯彻党的路线方针政策、保持党的先进性和践行为民服务宗旨的主体。要进一步巩固党在农村的领导核心地位，必须全面提高新一届农村“两委”党员干部的综合素养与服务能力。

经过13年的探索，紫南村成功实现从大乱到大治的华丽蜕变。一花独放不是春，百花齐放春满园。在自身不断完善的同时，紫南村也希望能够将自己的经验教训，给予周边兄弟村乃至全国类似的农村启发。那么“紫南经验”是如何面向更广阔的地区传授输送的？

> 紫南村很小，只是中国的弹丸之地。但紫南村也很大，能装下我们的梦想。我希望紫南的发展能为其他乡村提供可复制、可推广的紫南智慧。
>
> 精彩是干出来的，辉煌不是等来的。人是需要一点精神的，是需要一点情怀的。古代士大夫为天地立心，为生民立命，为往圣继绝学，为万世开太平。这就是立德、立功、立言。新时代的共产党人就是为中国人民的幸福，为中华民族的伟大复兴，全心全意为人民服务。奋发有为必须真抓实干。

随着紫南村乡村治理成效显著远近闻名，越来越多的农村党员干部纷至沓来，学习紫南成功经验。

2017年，紫南村挂牌成立禅城区农村党员干部教育培训基地，为巩固党在农村的领导核心地位，全面提高农村“两委”党员干部的综合素养与服务能力打下根基，此处更是为禅城建设“首善之区”提供思想教育的阵地。

2020年10月，禅城区委研究决定，在全区农村党组织开展对标紫南村，学习

“紫南模式”的活动。区委要求，全区各农村党组织要“主动学习紫南、对标紫南”，要“学习紫南党建引领、多方参与的治理模式”“学习紫南因地制宜、产业先行的工作方略”“学习紫南初心如磐、一心为民的宗旨意识”“学习紫南制度管人、流程管事的治村法宝”“学习紫南成风化人、润物无声的‘仁善文化’”。南庄镇党委也发文并组织全镇农村“两委”干部专题学习“紫南模式”。

在全区53个行政村中，禅城之所以选择紫南，主要看重该村的党建工作和经济发展的突出成绩。一直以来，紫南村党组织充分发挥党组织在乡村振兴中的核心引领作用，突出抓好农村党的建设，注重班子建设、制度建设和文化建设，积极推动农村经济发展，走出了一条以党建引领基层治理创新的新路子。这为全区其他农村推动党建引领新农村发展和基层治理工作，提供了有貌可观、有点可挖、有经可学、有推广借鉴价值的典型范本。

听了潘柱升传授的治村经验心得后，一些农村的年轻党组织书记感叹：“多听听‘先进村’的老班子、老书记的经验，是自己最大的收获。”

除了禅城区的党员干部，紫南村也是南海、顺德、三水、高明等佛山其他区域的镇村干部参观考察学习的热点。潘柱升本人也时常被省委党校、市委党校以及佛山市区镇村各级邀请讲课分享，得到了广大培训学员的充分认可。

潘柱升说，紫南村的发展经验是可以复制、借鉴的，希望通过传授发展建设经验，能够帮助更多的村居实现共同富裕的目标。

2020年，顺德区陈村镇党委办、组织工作办、农社局、村（社区）“两委”干部等到紫南村考察学习

◎ 点评

紫南村的故事很精彩。从人性的角度来看，老百姓当时对前任村“两委”不信任是正常的，新来的书记是怎么走进村民中让大家认可，并一步步获得村民的信任，通过“强班子”带领大家走上民主自治道路的呢？其中很多经验值得总结和推广。

第一，通过讲故事来打动村民，让大家了解自己这个“陌生人”，通过讲述《西游记》取经的故事让大家知道团队精神的重要性，从而凝聚合力达成共识，让村民对他有了好印象，并建立起初步的信任。

第二，听民声，访民情，问计于民不流于形式。既有记者的敏锐，又有学生的虚心，同时更有知心人的温暖，潘柱升正是这样掌握了村里的真实信息和老百姓的真实需求。

第三，依靠学习克服班子成员的“知识恐慌”和“本领恐慌”，建立学习型村“两委”，并提出了“合格村官公式”，即“胸怀＋目标＋担当＋沟通＋自律＋制度＋团队＝合格村官”，为基层党组织建设和村领导班子建设提供了切实可行、接地气的有效方法。

第四，通过改变民主议事方式，创新基层自治，让老百姓真正感受到民主参与的真实性和有效性，创下了基层高投票率的奇迹。

——中国人民大学公共管理学院教授、博士生导师魏娜

第三章

完善制度体系，
提升乡村治理能力

第一节 树立好规矩，取信于民

19.打造“玻璃式钱柜”，如何做到村务公开透明？

村务公开是农村村务管理的重大改革，是促进村干部廉洁自律、强化农村监督机制的重要环节，尊重和保证了村民的知情权、参与权、决策权、监督权，是人民群众评判农村党风政风好坏的一个重要标准。

财务公开是村务公开的重要内容。村集体资金、资产、资源属于村集体经济组织全体成员集体所有，农民群众关注度高。财务公开不规范、村级财务管理得不好，往往导致群众利益受损，农民群众必然反映强烈，成为社会的热点、焦点问题，而且影响到农村社会稳定和干群关系。

13年前，紫南村治理之乱其中一个重要的因素就是财务的管理混乱、账目不公开透明。潘柱升上任之初走访调研时，党员及村民代表向其提出的一个要求，就是要把村中的钱柜子从“钢板做的”换成“玻璃做的”。紫南村的财务怎样实现从“钢铁匣子”到“玻璃匣子”的蜕变？

村务尤其是财务不公开透明，是紫南村村民连续多年集体上访的一个重要原因。2008年村“两委”上任以后，我们就是要把村民所说的用“钢板做的”封闭严实的钱柜子变成“玻璃做的”公开透明的钱柜子，让村里一分一毫的收入开支明明白白，打造透明财务、阳光财务。

作为村居主要负责人，虽然官不上品，但手中多少控制着一些资源，握有一定权力，虽然“小微”但也是权力。廉洁自律，对于我们来说显得尤为重要。我们直接与村民群众打交道，每天都在群众的眼皮底下生活，群众往往从我们的言行来看党风政风。从某种意义上讲，我们官小责任大，一言一行直接体现出党员和党员干部的形象。

除了严格自律，作为村居带头人还要管好班子成员，管好党员，教育和引导他们在廉洁自律的同时，要习惯在受监督的环境下工作。可喜的是，在这方面，十几年来我们村“两委”没出问题。

村务不公开，特别是村级财务收支账目不公开，是13年前紫南村村民反映最集中的问题。村民曾向村“两委”提出想了解村中财务状况，被前任村党支部书记多次拒绝。村民也因此说当时村里的钱柜是“钢板做的”，来形容村中财务的封闭不透明。

了解到症结所在，潘柱升上任后不久，就从财务管理上着手。

首先坚持用制度理财。为使村级财务管理工作有章可循，紫南村“两委”要求，必须严格执行财政部颁布的《村集体经济组织会计制度》等规定，并结合村中实际，建立健全报账制度、列支审批制度、票据管理制度等切实可行的村级财务管理制度，确保账簿齐全、记账及时、独立核算、民主理财、规范管理。建立健全财务工作流程，所有财务事项都应当按照工作流程规范进行账务处理。

其次，紫南村还实施集体审签制度。紫南村“两委”在制定系列财务公开制度后，要求村干部带头执行，公章由不同部门和不同人员负责管理，每笔开支都必须列出明细，并对开支审批也作出了具体规定。

明确了制度规范后，紫南村还采用多种方式，全方位公开村中财务，接受村民监督。一是在村务公开栏进行公开。这种方式虽然传统，但村民既可以看到村级重大决策、决议形成的过程，又可以看到具体内容；既可以看到村集体收入的明细，又可以看到村级支出的情况，还可以看到村级集体经济的负债和盈余状况。二是通过《紫南报》公开。这份印刷品2018年以前是每月一期，后改为每半月一期，会发到村中每个家庭、单位、企业，上送到上级党委、政府，让村民足不出户便可知全村情况，覆盖面十分广泛。三是顺应新时代互联网传播趋势，通过紫南村级网站、“仁善紫南”公众号、村居一门通等公开，村民随时可在掌上查询。四是村会计站会随时接受村民现场查询，村民既可看报表，也可查单据。

紫南村的财务公开制度不仅严密，还经得起村民的查验。有一名村民代表对潘柱升担任村党支部书记、村委会主任不领工资的承诺将信将疑，于是就到村委会要求查账一看究竟。

村委会的工作人员打开账本，耐心地向村民讲解，潘柱升上任三年来每一笔工资的去向——全部捐出来成立了“书记基金”，用于扶贫济困，当时的总数达60多万元。随后，工作人员又向她展示“书记基金”的用途去向、帮扶对象及金额。

看完这些数字后，这名村民信服了，不好意思地说：“我不是怀疑潘书记，而是想了解一下村里具体的财务状况而已。”

这件事之后，“玻璃式钱柜”的故事在村中传播宣扬，成为佳话。“欢迎监督！”这是潘柱升对村民要求财务公开的一贯态度。村民的知情权和监督权切实得到了实现和保障，有效地消除了干群之间的隔阂，也提升了村“两委”的公信力。

村民们驻足紫南村党务村务公开栏前，查看村务公开信息

20.制定20余万字的制度汇编，如何规范乡村治理？

村规民约是农村村民共同制定的一种自我教育、自我管理的社会自治规范，是法律在农村的一种补充手段。

由于各地的政治、经济、文化发展差别较大，各地的村民自治发展不平衡，因而村规民约的建设水平参差不齐。

在紫南，“以制度管人，按流程办事”的理念已经深入到乡村治理行动之中，村里86项制度结集成20余万字的《紫南村党建引领自治管理制度汇编》，从无到有，从粗放到精细，从简单到丰富，涉及住房修缮、市政管理、村容村貌等方方面面，紫南村是如何做好村庄的制度规划的？

村规民约就像鞋一样。不管什么鞋，穿起来合适、舒服，就是好鞋。村规民约不能凌驾于法律之上，若执行起来给村民带来实惠，让村民感到舒服，便是村民所需要的。

把好的制度、好的村风、好的村规留给下一代，比留下千万产业更珍贵。有了好的制度，还要让老百姓人人皆知。当老百姓知道规矩后，还要他们遵守规矩，这就是乡村治理中最难做到的环节，很多村子治理不好，就是面对不遵守规矩的村民退让回避，甚至放手不管，因此多年的脏乱差治理不好，村民的恶习陋习改变不了。

“当村里的硬件设施上了台阶后，如果没有好的制度去保障和巩固成果的话，一些工作可能是白做。”“以制度管人，按流程办事”是紫南村乡村治理的精髓之一。2008年村“两委”上任后，根据《村民委员会组织法》和《广东省实施〈村民委员会组织法〉办法》赋予的权力，制定了村规民约和一系列管理制度。

从2008年开始，紫南村根据经济社会管理和城镇化快速推进的需要，依据相关法律法规和上级政策规定，倾听村民的呼声，适时提出制定相关管理办法的构想，在调查研究、广泛征求意见的基础上提出文本草案，由村“两委”会召开村民、企业家、党员代表座谈会听取意见，形成统一方案，经党委班子通过后，交党员大会审议，最后召开村民代表会议，表决通过后公布实施。

2009年6月，紫南商贸城对外招商的过程中，商贸城管委会制定了《紫南商贸城综合管理规定》及店铺装修、广告管理、水电管理、环境卫生管理、治安消防管理、车辆管理等六项具体规定，几乎涵盖了商贸城经营的全部范围，为经营者依规经营、管理者依规管理提供了依据。

这些规定的落实，使紫南商贸城做到诚信文明有序经营，获得“全国2014—2015年度诚信示范市场”以及“全国绿色市场”“广东省创建文明集市示范市场”“广东省诚信示范市场”“佛山市餐饮示范街”等荣誉称号。

为了规范全村事务管理，紫南村不断扩大制度建设的覆盖面，从党建工作到自治管理，从经济领域扩大到环境卫生管理、市政设施管理、车辆停放管理、建房规划管理、出租屋管理、河涌渔业管理等方方面面。从管理对象来看，既涵盖了村“两委”干部、村委会所属单位工作人员、全体村民、外来经营者、外来务工人员，也包括党员、村民代表、村监督委员会成员；从范围上看，从村党组织、村委会到村委会的各个办事机构都有议事规则、办事程序、工作要求，每个岗位的工作都有具体要求。制度覆盖基本上做到了纵向到底、横向到边。

“在紫南人的眼中，村规民约是蕴含了集体民意的，谁都不想去违反，做背信弃义的人，被乡亲瞧不起。”紫南村党委副书记罗章江说。

13年来，紫南村先后出台了86项共400多条规章制度，包括党建制度、村“两委”议事规则、股权改革、土地确权、禁止村民出租房屋、禁止乱搭乱建、禁止养猪养鸭、不得乱丢乱扔、车头一律朝外等，形成了独具紫南特色的“党建引领，三治结合”的乡村自治体系。

如今紫南村管人、管事的制度成果，已集中体现在20余万字的《紫南村党建引领自治管理制度汇编》上。2021年，村委会安排专人对历年来制定的各项制度和管理办法进行全面整理，并根据现行法律法规进行审核，提出了修改、完善意见，按程序经村党委会、党员大会审议，提交村民会议或村民代表会议讨论通过，并最终汇编成册。这本汇编不仅成为紫南村乡村治理的准绳，更成为周边乡村学习借鉴的对象。

“今后不管是谁来做书记，开展工作已经有一个系统的制度可以遵循。”潘柱升坚信，紫南村的成功关键在于建立制度。

“我仅仅是一个裁判员，我就看着大家这样说完以后就这样落实。所以要宣传紫南制度的设立，让他们自觉、习惯地按照自己定的规矩执行落实。”潘柱升说。

2 紫南之窗 民生专题

强化法规执行 严惩违规建设行为

紫南村私人住宅建设规划管理规定

（经2013年7月4日村民代表大会表决通过）

民生专题 紫南之窗 3

铁腕整治违法出租 打好隐患治理攻坚战

紫南村车辆停放管理及缴纳卫生清洁服务费

实施细则

（经2013年7月4日村民代表大会表决通过）

《紫南报》刊登村民代表会议通过的紫南村自治管理规定

21.医治“乡村病”，紫南有哪三种“药方”？

在农村开展一项新工作或执行新规定时，总会遇到一些不理解、不配合的村民。个别人甚至会造谣生事，影响工作的开展。敢于挑战疑难杂症，敢于啃“硬骨头”，坚决履行工作职责，才能真正提高乡村治理的能力。

针对一些特殊群体，紫南村探索出破解乡村治理疑难杂症的三种“药方”。这三种“药方”有何妙用？

> 在乡村工作中有时候用“中药”，有时候要用“西药”，个别时候要下“猛药”。“中药”就是耐心细致地做好思想政治工作，“西药”就是采取通报批评和经济处罚等手段，“猛药”就是走法律诉讼程序。小事医治不好，大事就无法开展。
>
> 在农村人居环境整治过程中，对于不配合的村民，我们也有自

已破解难题的“药方”。对于不理解配合工作的村民，村委会干部会带着果篮上门了解情况，耐心劝说；遇到有不听劝说的村民，还会积极发动其家庭，让其做好思想工作；对于拒不整改的村民，村委会则出面清理其门前垃圾，支出的费用由村民支付，若不支付，则从其年终分红中扣除。

古有明训：上医治国，中医治人，下医治病。乡土社会盘根错节，要解决部分陋习和毛病，必须找准病根，对症下药。13年来，紫南村结合乡风民情，刚柔并济，探索出一套独具特色而行之有效的乡村治理“药方”。

投入几千万元建设的紫南赋文化广场，曾经也遭遇到管理难题。紫南赋文化广场建成后，成为村民休闲健身的好去处，但有的村民没有养成爱护卫生的文明习惯。尤其是每次举办大型活动后，广场内总会遗留一大堆瓜子壳、矿泉水瓶等垃圾。紫南村委会也一度通过宣传海报、发布给村民的一封信去劝说村民要珍惜爱护公共场所、养成文明习惯，但收效甚微。

最后，村委会想了一个办法，组织一些义工拿着盆子，在公共场所看到有人吃瓜子，就站到这些人的身边。

“你老是跟着我干嘛？！”

“叔，我可以走远一点，但是我的盆子就放在你旁边，你吃的瓜子壳麻烦放到盆子里去。”

这时，吃瓜子的村民也觉得不好意思了。后来这样的事一传十、十传百，在公共场所乱扔瓜子壳的现象越来越少了。如今，紫南赋文化广场举行大型活动后，把全部塑料凳一收，满地矿泉水瓶和瓜子壳的状况已成过往。

这是紫南村治理乡村陋习的“中药”，手段较为温和，主要通过身体力行和思想政治工作，来潜移默化改变人的行为。

在乡村，一个谣言很容易因为熟人社会而被放大，扰乱人心。潘柱升在上任之初下乡调研时，也发现不少类似现象。有一个村民白天到处宣扬村中某块土地被村干部贪污挪作他用，潘柱升得知后开展调查，发现这事是子虚乌有。

一天晚上，几名村委会干部，带着录像机、笔记本，提着果篮，到这个村民家探访。

“你白天反映有土地被村干部贪污挪用了，有证据请告诉我们，我们一定追究。”村委会干部说

“没有，我也是听人说的。”该村民说。

“是听谁说的？有根据吗？”村干部问。

“没有……”该村民开始支支吾吾。

村委会干部集体上门不仅让村民和家人吃惊，也吸引了乡亲四邻前来关注。自知理亏的村民再三道歉。从此村民也知道了一件事：可以批评村干部，但是要讲证据，不应该信口开河。

近年来，紫南村在大力推进人居环境整治提升的过程中，也啃了不少“硬骨头”。个别村民拒不配合村委会的工作，还辱骂工作人员，成为环境整治的“钉子户”。

村委会也不断反思自身在人居环境整治中的工作方式和工作态度，专门派出一支“特殊”的工作队伍解决问题、处理矛盾。

曾经有一个村民在被督促整治的时候，觉得村委会针对他个人，态度蛮横。工作队利用下班时间，提上精心准备的果篮拜访村民。当时，村民正坐在大榕树下，看到工作队一行人前来，十分警惕。工作队说明了来意，消除了村民的敌意。经过耐心劝说，这个村民理解了工作，很快完成了屋前屋后的杂物清理。

在潘柱升看来，乡村治理的过程中，仅靠“中药”药效还是不够的，有时还必须用些现代“西药”。

2020年7月，紫南村委会在巡查中发现，有村民在其房屋右侧公共场所堆满了废旧垃圾杂物，面积达10多平方米。巡查工作人员多次上门、电话通知该村民限期清理，并告知如不按期清理，将由村委会组织力量进行清理。但该村民一直未能按规定清理垃圾杂物，并对工作人员进行辱骂。

为此，紫南村综治维稳工作站联合南庄镇相关执法部门，出动吊车、小货车各一台，聘请搬运工十人，对该村民房屋右侧的垃圾废物进行了清理，共产生费用3000元。按照村民代表会议通过的村规民约有关规定，该项支出由村民自行负担。根据《紫南村人居环境整治管理暂行规定》，所产生的场地占用费、卫生清洁服务费、清理费用等相关费用将在当事人本户分红中扣除，直至足额支付所有费用为止。

对于反复做工作行不通的情况，紫南村也有“猛药”。如针对长期拖欠村委

会物业租金的“老赖”，紫南村委会通过法律途径依法追收。拖欠村集体租金这一老大难问题也得到了妥善解决。

不管是什么“药方”，其核心都是坚持以人民为中心，全心全意为人民服务。坚持一切为了群众，一切依靠群众，从群众中来，到群众中去的工作作风，这才是紫南村破解乡村治理疑难杂症的“良药”。

第二节　执行好制度，治理乡村乱象

22.管好房前屋后植被，如何引导村民自觉遵守?

在农村，农民在房前屋后种植爬藤类的瓜果蔬菜，本来是稀松平常的事。但若管理不好，则会滋生蚊虫，甚至影响环境。而在紫南村，村民对不在房前屋后种植爬藤类的瓜果蔬菜已经有明确共识，而且规范有序，这是怎么做到的?

> 为了规范种植爬藤类的瓜果蔬菜，紫南村为村民每人每天发放微额补贴，用于购买瓜果蔬菜，同时还完成了全村河涌治污及两岸复绿工程，实现管网雨污分流和村内无明渠，人居环境得到有效提升。

现在走在紫南村的街头巷尾，家家户户的门前整齐干净。

过去，很多村民习惯于在家门口种豆角、冬瓜等瓜果蔬菜，这样就需要经常用到竹竿。竹竿长期堆放在房前屋后，不仅妨碍通行，还容易滋生白蚁、蚊虫，破坏环境卫生，损坏村民房屋。村民使用完竹竿后会丢弃到河道中，不仅堵塞河道，还容易引起水生生物聚集。

为了杜绝这一现象，紫南村出台规定要求每户村民的家门口，只能放置两盆花、一个拖把、一个垃圾桶。村委会还设立了人居环境整治专项检查小组，不定期进行检查。

在严格执行制度的同时，村里也同步采取了富有人情味的措施。紫南村为村民每人每天给予微额补助，用于购买瓜果蔬菜。

23.杜绝乱贴小广告，如何治理乡村“牛皮癣”？

在一些农村，道路两旁的墙体、电线杆被任意张贴小广告的现象比较普遍，严重影响村容村貌。这些“牛皮癣”不仅有碍观瞻，破坏了乡村环境和田园风光，有的虚假信息还会导致部分群众上当受骗。

虽然无论村还是政府有关部门，都会定期对乱张贴的小广告进行清理，但不久后它们又会死灰复燃。由于乱张贴的行为成本较低，难以有效遏制，“牛皮癣”已成为影响乡村风貌的顽疾。

紫南村也曾面临这一难题，但如今当地已难觅小广告的踪影。治理乡村“牛皮癣”，紫南村如何破题？

> 乱贴“牛皮癣”是我们社会的共性问题，很难管理。在治理农村问题上，就可以用点巧办法，既不能凌驾于法律之上，又要能解决问题。

刚回村的头两年，一个看似司空见惯的小现象，却总是让潘柱升觉得十分刺眼——小广告随处乱张贴。

有一天，他终于忍不住找来了治安队长潘志英问个究竟。“麻烦你管一下这些到处都是的‘牛皮癣’，连厕所里都贴着各种的小广告，外地人来紫南还以为发生了什么事。”

“潘书记，这个真的管不了，今天铲干净了明天又全贴回来了。”潘志英很为难地说。

第二天，潘柱升找了一张写着挖掘机出租的小广告，并根据上面的联系方式拨通了电话。“喂，我们紫南村这边要两台挖掘机。”

对方把挖掘机开到停车场后，潘柱升守在停车场门口，义正词严地告诉对方：“这里是我家门口，被你们乱贴的小广告弄脏了，请你们搞干净。”

对方心知理亏，找来几十人把紫南村的“牛皮癣”全部清理干净。

这件事情传开以后，小广告的张贴者对紫南“退避三舍”。紫南村乱张贴的小广告也逐渐销声匿迹。

24.提升乡村风貌，如何从管好农房开始？

农房改造是改善民生的大事。随着农村富裕起来，农民生活水平提高，出于对美好生活的向往和追求，越来越多的村民有拆旧房建新屋的需求。

农房改建的过程中容易出现矛盾纠纷。有些村民建房随意性较大，在申请获得批准后，私自放线施工，造成村庄布局混乱，土地权属纠纷层出不穷，新房旧房斑驳错杂，极为混乱，一些村庄“只见新房，不见新村”“只见新村，不见新貌”。

2020年，广东省人民政府出台《广东省人民政府关于全面推进农房管控和乡村风貌提升的指导意见》，要求抓好农房管控、着力提升乡村风貌等方面，进一步提高农村人居环境整治工作水平，建设生态宜居美丽乡村。

在乡村治理的过程中，紫南村敢于先行先试，在全省率先建章立制进行农房管控，以此推动农村人居环境整治和农村风貌提升。这是怎么做到的？

> 村民很关心自家的房子，在农村，管住了房子，就能管好其他，可以把农房管理作为农村基层治理的突破口。

紫南村作为典型的“老式农村”，以往村民房屋大多只有一两层，房屋面积小、采光通风差、结构单一，街巷狭窄，排污、通水、通电等基础设施建设滞后。随着生活逐渐富裕起来，村民拆除旧房、新建住房的愿望日益强烈，也曾出现农村村民建房乱象：有的随意超高超建，野蛮施工；有的将建筑材料乱堆乱放，占用村道、公路、祠堂、晒场等公共空间；有的相互进行房屋建造“风水大战”……不仅引起邻里矛盾纠纷，造成村民关系紧张，还有悖于文明乡风的培育和营造，甚至损害集体利益。

为了让农村的私人住宅更加规范有序，2013年7月，紫南村通过村民代表会议，表决通过了相关规定。在执行的过程中，根据上级党委、政府部门的新政策和制度的要求，以及规定实施中出现的新问题，紫南村又分别于2019年和2021年进行了新的修订和完善。

按照规定，没有办理土地证或房产证的住宅，禁止拆建，禁止进行新建住宅和扩建住宅。而对有合法证件需要拆建的，拆建前必须到村委会进行申报登记和签定承诺书，接受村委会监督管理，没有申报登记的一律停止建设。

为了杜绝任意扩建的现象，规定明确拆建后住宅占地面积必须严格按照土地证批准的使用面积，不能大于只能少于，否则整座房屋将被作为违章建筑处理，予以拆除。

对于房屋用途，规定也作了明确要求：只允许村民自住，不得改变用途，不允许经营出租屋、仓库、商铺等商业用途。此外，“相邻建筑间距”“基础的处理”“飘层、阳台”以及建筑材料的堆放、处理等行为都须在告知邻居并征得邻居同意后实施。

明确了规矩以后，关键还是要把规定落到实处。紫南村通过向村民发布公开信，在宣传栏张贴、发纸质信件到各家各户，召开会议解读，在《紫南报》刊发文章等手段，以通俗易懂的语言把制定规定的意义、规定的主要内容，违反规定会造成什么样的后果公之于众，做到家喻户晓、人人皆知，为规定的实施，奠定思想认识基础。

为了防止村民一窝蜂大面积改建房，给供水供电、环境卫生带来压力，紫南村以自然村为单位，按每100个户籍人口分配1间改建房屋的比例，严格控制房屋改建数量。村民若想改建房，须向村委会提交建房申请，并排队等待指标。村委会根据申请者家庭人口数量、年龄结构等住房困难情况，以及提交申请的先后顺序，按实际需要配给改建房指标。须占用公共地方堆放建筑材料的，村民和施工队均需向村委会缴纳建房秩序保证金，其中村民按照10,000元/间，施工队按照5000元/间的标准缴纳。

施工过程中，业主要竖立“紫南村民居建筑、装修材料堆放许可牌”，该牌公示业主姓名、房屋建设面积、房屋建设期限、施工队负责人、日常管理人、联系电话、围蔽期限等信息。

为了降低施工过程对农村环境的影响，紫南村还细致地规定围挡的设置必须沿工地四周连续进行；渣土、土方、工程材料、砂石、回填的沟槽及渣土裸露的地面须采用黑纱网围蔽；围蔽材料必须用泡沫夹心板，做到整洁无损，其高度不得小于2米；一层建成后，房屋四面必须用黑纱网围蔽，做到整洁无损。

村委会的国土窗口工作人员、治安队、紫南市政管理处还会联合实行动态巡查，及时发现和查处违规行为，如有拆建住宅建筑材料堆放逾期或建筑材料不按围蔽点堆放等行为，须向村委会缴纳公共资源占用费，或从村民建房秩序保证金中抵扣。

在制度执行中，必须做到“一碗水端平”。紫南村在实施规定的过程中，一旦发现违规现象，无论违规者是何种身份，都一视同仁，秉公处理。

立规矩易执行难。规定颁布实施后，村民普遍观望，更有人心存侥幸，顶风作案。当时村委会一名干部，想抢在规定实施前扩建房，私自违规加盖了一层。村民知道后议论纷纷，抱着看热闹的心态看村委会如何处置。

“拆！没得商量！”潘柱升得知后，马上找来该干部严肃教育一番：“你是想自己拆了，还是我带人帮你拆？”该干部自知理亏，只好将超高的楼层拆除。村委会“杀鸡儆猴”，也让越来越多村民自觉遵守规定。

规定实施七年多以来，紫南村妥善解决了农村建房不规范、矛盾纠纷多等长期困扰各级管理部门的一大难题。农房管控不仅大大改善了紫南的乡村风貌，还推动乡村治理，纠正了村民的不道德、不文明行为，让邻里之间的关系更加和睦，从而形成共建共治共享的格局。

整齐有序的农房，令紫南村容村貌焕然一新

25.禁止村民出租房屋，紫南怎么做到？

在珠三角，村民自建房出租的现象十分常见，这增加了村民的收入，也增加了乡村公共管理的压力。一些出租屋业主只顾收租，忽视管理，导致不少出租屋内存在治安、消防等各类风险隐患。

紫南村也曾面临这一难题：出租屋的增长导致村内电压、水压长期超负荷，垃圾随地乱扔等乱象也让村民诟病不已。

紫南村在佛山市率先提出村里禁止出租房屋。出租屋管理混乱这一许多村庄多年来治理不好的顽疾，紫南村是怎样破题的？

> 禁止房屋出租，必然会触动小部分人的经济利益。为此我们搞调研，做方案，最后通过村民代表会议，甚至以村民会议进行表决，禁止出租房屋，以较小的代价，换来了宜居安全。

2015年，随着紫南村经济持续腾飞，这个拥有6800多户籍人口的村，吸引了数千名外来务工人员来村内就业、生活。其中，统一租住在紫南员工村内的外来人口达到4000多人，分散租住在各村民小组内400多间村民出租屋内的外来务工人员超过2300人。

彼时的紫南村，有些自然村内的本地户籍人口与租住的外来人口比例约为2∶1。在一个村民小组，170多户本地村民，只有27户不出租房屋。“可能两栋七层出租屋内的外来人口就能超过整个村民小组的本地人。”一名村民小组长说。

租住在村民出租屋里的外来人员不断增加，直接导致过快的人口增长与有限资源之间的矛盾变得越来越尖锐。问题集中在用电负荷过大导致跳闸、用水量大致使水压不够、居民争抢车位、公共文体娱乐设施不足、生活垃圾处理能力下降等方面。

“原本电压足够村民用了，但租住的外来人多了，夏天开空调导致跳闸的事情常有，村里已经更换过两次变压器了。”一名村民小组长说。更让人头痛的是，一到晚上，住在三楼以上的用户因水压不够，不得不错峰洗澡，等两小时才能冲凉的情况见怪不怪。

还有一些出租屋业主的法律意识不强，只注重收租，忽视管理，造成出租屋管理乱象频频发生。“出租屋内经常有人晚上10时以后聚众打牌，吵闹的声音非常影响我们休息。人多了，每天产生的生活垃圾也增多，垃圾乱堆放，很影响环境。”有村民说。

事实上，农村出租屋管理的问题在珠三角的农村十分普遍。一方面，出租屋能让部分村民增加收入，但另一方面，出租屋管理不善又容易成为困扰村庄的一大痼疾。该如何破解？

经过反复调查了解，并征询村民和村“两委”干部意见，潘柱升提出一个大胆的方案：在村里禁止房屋出租。这一方案一经抛出，引起激烈的争论，不少村民拍手称赞，但也有一些有出租屋的村民愤愤不平，认为这是对他们个人利益的侵犯。

对于村民意见的分化，潘柱升看在眼里。他决定全体村民投票决定是否禁止出租房屋。

“当时我顶着很大的压力，连我老婆也骂我，说她因为这件事连到市场买菜也被人指着鼻子骂，村干部也劝我再考虑一下。”回忆起当初力推禁止出租房屋的情景，潘柱升感慨万千。

连支持的村民陆叔也不禁为潘柱升捏一把汗。“我当时觉得应该不会通过，毕竟涉及不少人的利益。”

91.6%！最终《紫南村房屋限制出租暂行规定》的表决同意率不仅令陆叔大喜过望，也出乎不少人的意料。根据该方案，从2016年开始，紫南村辖区内的各自然村房屋禁止对外租借给外来人员居住或使用，外来人员统一集中租住于紫南员工村。

为了实施这一方案，紫南村以重典治乱，破解了一系列涉及多方利益的管理难题。

紫南村党委委员潘志英是禁止出租房屋规定的执行者，在解决村中疑难问题时他有方法。全村400多间出租屋，2300多名外来务工人员，如果在执行规定时安排不妥就很容易激发矛盾。但最后，村里没有发生一起上访事件。“大部分租户都是自己放弃出租。”

同时，紫南村委会动员村内企业，做好前来务工的“新紫南人”的工作，说服他们不要住村民出租屋。村里兴建了贤德公寓和紫南员工村，为他们提供更好的生活条件、更低的房租价格，安排“新紫南人”集中居住。

通过统一管理，紫南农房登记纳管率提高，因分散租住在村内的外来人员增

2008年，紫南村投资4300多万元建成了紫南商贸城，并配套高标准的员工公寓（紫南员工村一期）

加而引发的水压电压不足、管理混乱、环境受影响等问题也得以解决，兴建的员工村和公寓更让村集体收入大大提高，有效实现了外来务工人员和本地村民融洽相处。

村委会对出租屋的妥善处理，也进一步凝聚了人心。东岗村民小组长潘根辉自己也有出租屋，但他最终还是坚决赞成、支持并落实禁止出租房屋的决定。“这是全体村民的决定，要为全体村民利益着想，而不是只想着个人利益。”

26.整治鱼塘上的窝棚，如何顺应民意处理违建?

农村乱搭乱建现象不但违反了土地使用相关规定，也会影响村容村貌。个别人为了自身利益，罔顾大众对美丽田园的期盼，非法搭建鱼塘窝棚违规住人，带来严重的安全隐患，还破坏生态、污染环境。

过去，紫南村也出现过鱼塘边随意搭建窝棚养猪养鸡等情况，村民怨声载道。紫南村是如何狠下决心整治这一问题，又是如何避免激化矛盾的?

> 紫南村现在的环境已经到了非整改不可的地步了！村委会经过研究，认为要整治好村里的环境，必须采取行动了。我提议，所有鱼塘承包合同在年底到期后重新投包，承包期缩短为两年，不准搭建任何棚架或建筑物。

过去，紫南村对环境保护重视不够。那时，由于猪肉价格持续上涨，紫南村的一些承包户为了创收，在鱼塘边搭棚外租给人养猪。这在当时看来是一件增加经济来源的好事，但随之而来的环境问题则令村民不满。

当年最高峰时，紫南村共有230口鱼塘，面积约1000亩，一年养猪约1.7万头，生态环境缺乏保护，村民纷纷到村委会投诉。

2012年5月，紫南村专门召开村民代表会议，潘柱升在会上发言：

“各位村民，相信大家都知道，紫南村现在的环境已经到了非整改不可的地步了！村委会经过研究，认为要整治好村里的环境，必须采取行动了。我提议，所有鱼塘承包合同在年底到期后重新投包，承包期缩短为两年，不准搭建任何棚架或建筑物。”

村民代表高票通过村委会的决定，支持村委会对鱼塘窝棚进行整治。

在村民的支持下，村委会按照计划对村内所有农业承包合同进行重新投包签订，要求所有租户都签订一份保证书，并组织人员拆除鱼塘周边违法搭建的窝棚。

拆除养殖户的窝棚，直接损害到部分人的既得利益，处理不好很容易激化矛盾。

就在村委会禁止鱼塘边搭建窝棚的规定发布后不久，有个刚刚投包了鱼塘的村民抱着侥幸心理，偷偷地在鱼塘边搭建起窝棚，而且还租给了别人居住。分管综治工作的村党委委员潘志英得知后，马上联合镇村相关部门赶到现场，一方面对租户好言相劝帮助其搬迁，并妥善安置其到紫南员工村临时居住；另一方面，雷厉风行地拆除了顶风作案建起来的窝棚。

“我们依法依规的拆除行为对其他承租户都有警示作用，当时有很多人自觉清拆了自家鱼塘上的违建。”潘志英说。

制度与执行双管齐下，紫南村鱼塘周边的环境得到极大的改善，在鱼塘边乱搭违建、脏乱差的现象逐渐消失殆尽。

27.人居环境整治怎样变“扬汤止沸”为“抽薪止沸”？

近年来，中央持续加大对农村人居环境的整治力度。党的十九大提出实施乡村振兴战略，确定了包括“生态宜居”在内的总要求，强调开展农村人居环境整治行动。2018年，十九届中央全面深化改革领导小组第一次会议，审议通过了《农村人居环境整治三年行动方案》，进一步强调了农村人居环境整治的紧迫性和重要性。

然而，农村人居环境整治作为一项长期任务在推进过程中也面临着诸多难题。如基层应付突击式治理，上级部门督促紧、考核严就抓得紧，缺少常态化管理，导致反弹情况时有发生；部分村民环境卫生意识淡薄，引导群众参与环境整治机制还不健全，农民群众自主参与到农村人居环境整治的积极性还有待提高。

紫南村早在2013年就开始推进人居环境整治。目前，紫南村在雨污分流、“三清三拆三整治”、“厕所革命”等方面走在了全镇乃至全市前列，获得了一系列国字号荣誉，但近年来也一度面临着管理松懈、乱象反弹的问题。那么紫南村是如何将这项工程进行到底的？又如何建立起长效性的工作机制？

> 一个人拉肚子，另一个人不停帮他换裤子，那能从根本上解决“脏”的问题吗？只有对症下药，止住腹泻，自觉清理，才能换来长久的干净整洁。
>
> 紫南村人居环境整治，必须变“扬汤止沸”为“抽薪止沸”，变“我帮村民整治干净”为“村民自己保持干净”，要真正建立起能够引导、鼓励、监督全体村民积极参与环境治理，有助于形成人人主动负责、人人尽到责任、人人共享治理成果格局的长效机制。

在乡村治理当中，人居环境整治是一大难点。早在2013年，紫南村就制定了《紫南村环境卫生管理规定》，该规定自实施以来，绝大多数村民群众都自觉遵守，村庄优美的人居环境得到了社会各界的高度赞誉。

“优美的人居环境让村民群众和社会各界都非常认可，同时也对幸福生活和美丽环境有了更高的期望。”紫南村有关负责人介绍，随着人居环境的改善和村民素质的提升，乱扔垃圾、乱堆乱放等现象和行为已经大幅减少，但还存在极个别人不遵守村规民约、做出不文明行为的现象。多年以来，紫南村不断加大人力、物力、财力进行环境整治。但扬汤止沸的办法，并未能从根本上杜绝少部分村民不遵守村规民约的行为。村内卫生死角屡清屡脏，公共区域屡被侵占。

潘柱升用“拉肚子”和“换裤子”来生动地表达抓问题根源的重要性。他认为，一个人拉肚子，另一个人不停帮他换裤子，那能根本解决“脏”的问题吗？只有对症下药，止住腹泻，自觉清理，才能换来长久的干净整洁。

“这就是没有‘抽薪止沸’，我们必须抓住源头。”潘柱升说，村子是个大家庭。这个家要想干净整洁、生活舒适，必须大家一起努力。只有真正引导、鼓励、监督全体村民积极参与环境治理，从“我帮村民整治干净”到“村民自己保持干净”，才能形成“人人尽责、人人参与、人人共享”的长效机制。

紫南村又开展了一次先行先试的探索。

2019年12月21日，紫南村村民代表会议表决通过了《紫南村人居环境整治与管理工作方案》，明确村民自行清理房前屋后的杂物，所有村民家门口只能摆放“两盆一拖一桶”（两个花盆、一个拖把、一个垃圾桶）。

同时，紫南还成立村级环境监察领导小组，设立20名环保专员每月检查两次，强制整改所产生的一切费用由村民承担。对逾期拒不缴纳者，将在年终分红中扣除。村民小组环境卫生情况评分将作为村民小组长年终考核的依据。

在具体落实中，紫南村实行村、小组、户三级网格化管理责任机制，构建横向到边、纵向到底、层层落实的工作责任体系，推动从“被动管理”向“主动治理”转变。

紫南村将人居环境整治提升的范围按照季华西路南北两个片区，划分五个责任区域，村“两委”干部各负责一个区域，指挥并督导各区域的人居环境整治工作。五个区域20个村民小组长和14个党支部书记，亲自上阵，各负其责，做到人员、措施、责任三到位，确保整治形成一级抓一级、人人有压力、层层抓落实的长效工作机制。

工作方案实施以来，各村民小组根据自身任务，干部和村民群众铆足干劲，集中力量开展整治工作，出动机器设备拆除违章建筑，清理房前屋后竹木、农具、柴草、建筑材料、生活垃圾、花盆、沟渠河道等。

2020年6月，村委会又通过村民代表会议进一步建立健全了人居环境“一月两巡查、一月一评比、一月一通报”的考核制度，并将之纳入村规民约之中。

同时，村委会还建立了两层监督。第一层监督由村委会将20个村民小组的妇委分成四个小组，五人一组，每月20号到各村交叉检查。如发现房前屋后有多余的垃圾杂物，妇委当场拍照取证发回给村委会，村委会则按照村规民约，立即发出整改通知，规定户主在一定期限内把垃圾杂物清理干净，超出期限每天罚款5元/平方米。

第二层监督，由村委会设立监督小组下村进行巡查，监督妇委工作是否落实到位，发现监督不力的、互相放松要求的，要坚决纠正。同时每月公告每个村民小组在人居环境整治工作上的分数。如果村民小组连续三个月都是最后一名，要在《紫南报》上向村民检讨。

监督、检查、奖惩……紫南村扣住了管理的每一个细节。

“村‘两委’干部压力大啊，这些工作一环扣一环，清清楚楚。”潘柱升认为，紫南村搞好人居环境整治工作，有两个“基础好”：一是硬件设施好，过去几年已经全面提升改造了村民人居环境，该清理的、该拆除的、该整治的，已经基本完成，现阶段整治推进难度不大；二是软件环境好，经过几年的村规民约教育和文化熏陶，村民的生态环境意识明显增强，思想觉悟普遍提高。

“对于极少数不理解、不支持村委会工作的村民，要进行说服教育，也要敢于坚决履行村委会的工作职责，真正提高我们的乡村治理能力。”潘柱升说。

尽管在推进人居环境整治上取得不少成绩，但紫南村并不自满。2020年参与全省《乡村振兴大擂台》节目时，潘柱升在总结展示成果的同时，也并不掩饰紫南村的不足：一是全村范围内拥有27座智能公厕，数量多，分布合理，但符合一类标准的公厕较少；二是通过建章立制进行农房管控，但对农房建筑风格、款式、外立面没有统一要求，缺乏特色旅游元素；三是率先实现了雨污分流系统，但在铺设管道过程的中，部分旧房子的管道接驳混淆，增加了污水排放成本。

面对在擂台上被指出的在环境保洁、污水整治方面存在的漏洞，潘柱升坦然承认，并表示对于卫生死角会发现一处消灭一处，持之以恒地推进人居环境整治。

紫南村完成污水管网及河涌整治工作，如今紫南的河涌水清鱼跃

第三节 平衡好利益，力争公平公正

28.讨回租户对村集体的欠款，为何要先“大义灭亲”？

集体资产的管理是乡村治理和乡村发展的重点也是难点。集体“三资”监管得好不好，不仅关系到集体资产能否保值增值、群众利益是否得到维护，更关系到基层政治生态是否风清气正。

早期紫南村之乱在于积累了大量历史遗留问题，大量租户长期欠租就是其中一个。潘柱升上任后，烧起的“第一把火”就指向这一问题。自家的亲戚也是欠租者，面对这一问题潘柱升和紫南村如何处理？

> 租户大面积拖欠村物业租金的历史遗留问题非常棘手，拖欠租金的人有一个还是我亲戚。当时很多人都在观望，很多人都想看我的笑话，看我是大公无私还是假公济私。但是，既然组织和村民选择了我，就必须对得起组织和村民的信任。

物业出租租金是紫南村委会主要的收入来源之一。由于此前管理混乱，一些人长期欠租或迟交租，导致村委会经济长期陷入瘫痪状态。

潘柱升上任之初，村委会出租物业合同应收资金为一年936万元，可是到了年底村委会只收到了25%的租金。

潘柱升觉得不可思议：“欠债还钱，欠租还租，你租了村委会的物业，也赚了钱，为什么不交租？”

然而，得到的回应却是欠租的租户之间相互扯皮踢球。“某某企业做得很大，又赚钱，他都不交租，我为什么要交？”

“都是自私心作怪。”潘柱升专门召集村“两委”干部开会，研究对策。最终得到统一的意见：以村委会名义印发《致全体村民的一封公开信》，明确提出欠钱还钱、欠利还利，拖欠的租金要补缴滞纳金，拒不交租者将视为违约，村委会将解除合同。

《致全体村民的一封公开信》张贴一天后，村委会投诉电话响个不停。其中一个电话将矛头直指潘柱升。

“你们村委会出告示逼我们交租，可是有些人你们却不敢动他一根汗毛，你让我们怎么服气？”

“是谁？”

“是潘书记的亲戚！他拖欠村委会的租金一年多了，滞纳金就更不用说了。”

村委会工作人员如实地向潘柱升汇报。

潘柱升获悉此事后大吃一惊，马上找来了账单，一查发现这个亲戚确实欠了12,000元鱼塘租金和1000多元的滞纳金。他二话不说，马上打电话给对方，要求他尽快到村委会交租金和补缴滞纳金。

“升仔，我可是看着你长大的……”听到“升仔”居然要罚自己，这个长辈怒了。

“就是因为你是我长辈，我才对你严格要求。”潘柱升打断了他的话，“我希望你带个好头，尽快把这事办了。”

“升仔，难道连你长辈也不可以通融一下？”

“对不住，我们要一视同仁！”潘柱升说。

这个长辈怎么也没想到，自己一直疼爱的“升仔”竟然如此不留情面。于是气冲冲地跑到村委会，指着潘柱升大骂一通后愤然离去，而应交的欠款也一分也没少。

潘柱升为追讨欠租“大义灭亲”的事很快在就村里传开了，那些观望的村民也纷纷主动交租。

对一些执意不交租的“钉子户”，村委会通过法律途径依法追收。拖欠村集体租金这一老大难问题得到了妥善解决。

29. “外嫁女”要股权分红，如何通过内部流转平衡各方利益?

按照《妇女权益保障法》《农村土地承包法》等法律规定，嫁到本村之外，但因种种原因户口仍留在本村的妇女及其所生子女可以依法享有分红配股的权利。但一些传统的观念认为“嫁出去的女儿泼出去的水”，因此在一些地方，农村“外嫁女”权益也被阻断。涉及土地承包经营、征地补偿款分配、宅基地分配、集体福利分红等多个层面的利益也与“外嫁女”无缘。

农村“外嫁女”股份分红的权益长期得不到保障，由此引发的纠纷矛盾不断发生，成为群众信访反映的热点问题。

经济逐渐发展起来后，紫南村也一度面临这一难题。紫南村如何做到在佛山率先以全体村民投票表决的方式通过农村集体经济股改？

本来有几个人在做蛋糕，突然有人想加入这个做蛋糕的团体，团体中可能很多人就只会想到，如果让这些人加入进来，每人能获得的蛋糕份量就会减少。可是，从另外一方面来看，如果把新来的纳入到团队中，就多了干活的人，大家可以齐心协力，一起商量一起干活，把蛋糕做得更大。

一些“外嫁女”采取各种方式争取自身股权。村民陆女（化名，下同）便是其中之一，20世纪90年代，陆女从紫南嫁到广西，并育有一对儿女。陆女坚持其股权不变，户口也始终没有迁出紫南。

与“外嫁女”类似，20世纪末，一些人因读书等原因户口迁出而丧失了股权，他们也向村委会提出了恢复股民身份的诉求。

与上述情况类似的在紫南曾有400多人。

2009年10月21日，南庄镇正式施行农村集体经济组织股权改革，下发农村集体经济组织股权改革的意见和相关管理办法。这时候，潘柱升意识到解决历史遗留问题的时机到了，通过落实股权固化到户，为股份诉求者“正名”。

紫南村委会花了三个月时间走访了所有村民，最终拿出了《紫南村集体经济组织股权内部流转及配购方案》（下称《方案》），允许从本村外嫁、读书外迁的村民购股。同时，为了避免购股带来股权数的“疯涨”，在具体执行时，紫南村确定购股数与股权总数后，数量只能减少而不允许增加，以确保每户家庭至少有一个股权名额。股权允许直系亲属内部流转。

《方案》一公开马上引起了部分村民的反对。这些村民中部分是20世纪80年代之前把户口迁到外地的，或家庭成员结构将有变动的一类人。他们生怕自己的经济利益得不到保障。此外，一些村民小组长也担心股改牵涉利益、对象众多，容易得罪人。

做好这些人的思想工作是紫南村股改进程中的关键。为了尽可能取得村民的认可，紫南村委会做了大量的准备工作，除成立企业家、党员、村民代表等工作组，在村中主要地方张贴方案，在村报刊登股改方案的全文让村民充分了解表决的具体内容外，还做了一系列的调查摸底工作，派专人到村民家中，请村民填写“户口股权意见咨询表”等。

村党委召集所有党员到村委会一起来做思想工作。

2010年1月9日，符合资格的4000多名紫南村村民对《方案》进行投票，最终通过率达到83.22%，这让潘柱升舒了一口气。

“当时上级很担心固化股权在全村表决会不通过，但我们认为只要前期工作到位，没有过不去的坎。”最终超80%的通过率，多少令潘柱升有点意外。“说明村民对我们的工作是非常支持的。”

按照《方案》，表决通过后，470名需要购买股权的人，每人要出资33,900元，合共1000多万元，用于原来的村民股东分红补偿。

随着时代的发展，股权固化到户推行到一定阶段又出现了新问题。

有一村民因病去世，他的妻子和两个儿子在因其在外非婚生子产生的财产分配问题上闹了大半年。法院判决，逝者合法妻子及其两个儿子、非婚生两个儿子，每人享有20%的股权，但这与紫南村股东章程只允许整股转让的规定出现了矛盾。

类似这样的问题，在紫南村并非孤例。潘柱升和周边村党组织书记一起交流探讨这些新问题如何解决。最后大家的共识是，没有整股就没有表决权，但可以按比例享受股份分红。

股权问题和谐解决后，村里的矛盾减少，而重新获得股权的紫南村村民，重获归属感，并积极参与到本村的建设之中。

紫南村解决特殊群体股权问题的做法获得上级党委、政府的高度认可。南庄镇将其做法全面推广到全镇。到2013年1月，南庄镇辖区的18个村均已实现股权固化，并解决了3800多名因读书迁出户口等特殊人员的股权问题，全镇因股权发生纠纷的信访量大幅下降。

紫南村也创下了佛山行政村的先例，成为全市首个以全体村民投票表决的方式通过农村集体经济股改的村。

30.农村股权改革，如何一碗水端平？

对于农村地区而言，推进集体经济组织产权制度的有效改革是促进农村发展的重要举措，也是新时期将历史条件下传统产权分配制度进行优化的表现形式。

传统产权大多属于集体产权，在股份上为集体股份，在改革过程中股份的分配也应标明属集体资产收益。部分较发达农村地区在个人股份划分并分配后仍存在一定数量的集体股份分红，这类剩余资金如何有效地进行二次分配，实现股权顺畅流转，仍是农村股权改革中需要进一步探讨和规范的问题。

随着集体经济的发展，由于各村民小组的开发程度不同，集体股和个人股的设置导致村与村之间的分红差距逐渐拉大，极易为矛盾埋下种子。为此，紫南村从2015年开始启动新一轮股权改革。这次改革能实现一碗水端平吗？

> 改革没有止步，必须与时俱进，不断破解新出现的难题。如果我们以最初的紫南股权改革方案继续实施下去，随着集体经济蛋糕越来越大，拥有集体股的村民小组和没有集体股的村民小组之间，分配差距就会越来越大。这种状况将会与全体村民共同富裕的目标渐行渐远。
>
> 2010年股权改革时，各村民小组剩余土地很不均衡，有的多，有的少，没有被征地的几个村民小组就有了集体股。如此一来，我们越发展，收入差距就越大，这不是我们的初心。我们的初心，应当是让全体村民共享土地资源升值后的改革发展红利。

不患寡而患不均，农村股权改革的一大核心理念是公平。解决了“外嫁女”、寄居户的股权分红纠纷后，村内发展分配不平衡，又成为紫南村着力解决的问题。

20世纪90年代中期，紫南村与南庄镇其他村一样，成立了集团公司。当时，村民可用土地作为资产参股。根据当时的入股方案，假如一个村民小组有300亩地，500名村民，每人携半亩地入股可分到2股个人股，剩余的50亩地就可以作为该村民小组的集体股参股资本，土地越多，集体股就越多，村民分红就由个人股和集体股两部分构成。这意味着村民小组土地越多，集体股就越多，该村民小组的村民分红也就越多。

到了2015年，紫南村共有5500人拥有股权，固化的股权有17,000股。其中，11,000股是个人股，6000股为集体股。但有的村民小组因修路征了地，几乎没有集体股，而土地比较多的村民小组的集体股则多达近千股。年终集体分红时，集体股较多的村民小组村民分红要比周边村的村民小组多得多。照此下去，再过十年，可能有的村民小组的村民分红高达10万元，有的村民小组则只有1万元，差距一大，矛盾就来了。

考虑到长远的发展，针对股权分配影响村民和谐的风险隐患，紫南村委会大胆地提出改革：增配个人股，稀释集体股。给每个有股权的人，再增配10股，全村的个人股总数达到66,000股，而集体股仍保持不变。

改革后，集体股的优势被个人股“稀释”了，未来十年，村民分红的差距也不会拉得太大。

这一改革获得全村4800多名股东的投票通过。集体股在总体可分配收入中的比例由约35%下降到8%，对分配影响大大降低。

“村委会眼光长远，这次改革股权，把一碗水端平，缩小分红差距，能让大多数村民获益，我们没有理由不投赞成票。”紫南澳边村民小组潘国政说。

31.将果树进行投包管理，如何治理村民乱摘果实?

在农村，每当果树上挂满累累硕果，总会成为一道亮丽的风景线，然而那些让人垂涎欲滴的果实却带来了各种“成熟的烦恼”。

有的村民为了私摘果实攀爬果树、折断树枝，甚至跌落受伤。一些熟透的果实跌落地上，也让原本整洁的道路污迹斑斑。

对果树的管理看似只是个小问题，但由果树引发的种种问题、带来的矛盾焦点，考验着乡村治理的智慧。

紫南村通过对果树实行投包管理，从根源上解决了多年来以村集体土地产权为导火线的纠纷问题，既改善了乡村文明风气，提升了各村的村容村貌，又保障了村民们的人身财产安全。那么紫南村是如何做到的？

> 我们发出了《关于果树管理投包——致紫南村广大村民的公开信》，明晰果树土地产权问题。没有土地使用证或土地承包合同的果树土地，均视为村集体所有。工作人员清点发现紫南有4000多棵果树，并对其进行网格化管理，每棵果树定一个号码牌，进行投标。投标成功后，投标者有采摘权，但也要承担养护责任。

每年一到成熟季，紫南村的果树上，龙眼、黄皮、菠萝蜜、芒果等各种果实会挂满枝头，这些果树要么是村集体种的，要么是村民种的。

每当果树结出累累果实，总有村民忍不住诱惑，私自采摘公共绿化果树的果实，甚至有村民为采摘果实攀爬果树、折断树枝。

这种爬树摘果的不文明行为不仅会破坏公共绿化环境，而且存在安全隐患。曾有村民因私摘果树果实而受伤。

还有个别村民私自占用集体土地来种植果树，理所当然地把果树视为己有，把树木周边的土地当作自己的“领土”，甚至用围墙围起来。

如何解决这一问题？紫南村委会通过走访、座谈等方式，听取了党员、企业家、村民群众、法律顾问的意见和建议，综合各方意见，普遍认为应该积极将果树管理起来。

2020年5月初，紫南村委会发布《关于果树管理投包——致紫南村广大村民的公开信》，明确村集体在村民小组栽种的果树，一律采取投包管理的模式；村民栽种的果树，则要有土地使用证来证明该处土地归属村民使用，否则一律视为占用集体土地，村民须自行迁走树木，不迁走的归村民小组开投处理。

明确了规则后，村委会联同各个村民小组对全村果树进行核查、登记、清点、编号。“经清点，紫南共有4000多棵水果树，我们对其进行网格化管理，每棵水果树定一个号码牌，进行投标。投标成功后，投标者有采摘权，但同时也须承担起果树管理的义务。”潘柱升说。

2020年5月13日，紫南村委会在尚塘村民小组开展第一次公开竞投。

现场由时任紫南村党委委员陆添辉主持，他向村民们讲解竞投的规则和紫南村果树承包合同内容，并耐心地一一为村民们解答关于竞投规则和合同内容的疑惑。陆添辉话音未落，尚塘村民小组的村民们生怕落后于人，迅速拿起纸和笔，以最快的速度写下标价。

开标前，村民们早已找好位置，要看第一场竞投最终究竟花落谁家。村民们的心情无不跟着开标的节奏上下波动，时而神情紧张皱着眉头，时而喜悦大笑，时而与旁边的人小声交谈。开标后，村民罗伟国成功中标，打响了当天的“头炮”。

罗伟国笑言，村委会统一规范土地使用权和村里一律开投果树的做法值得肯定，通过公平竞投解决了该土地的“主权问题”，大大遏制了乱摘果实的不文明现象。

紫南村市政管理处还通过360度视频监控对果树进行监管，从技术上杜绝各种违法违规和不文明行为再出现。“在村民和市政管理处的‘双重监督’下，我能够更放心、更安心地竞投。”罗伟国说。

“独乐乐不如众乐乐，果树成熟后我也会邀请邻居们一起品尝这美味的果实。”不少成功投包的村民如是说。从厌恶偷摘果实之人，到与左邻右舍分享、不计较的心态，这足以体现紫南村的文明乡风。

紫南村果树投包管理的实施，有利于和谐村居建设，从根源上解决了多年来以村集体土地产权为导火线的纠纷问题，既改善了乡村文明风气，提升了各村的村容村貌，又保障了村民们的人身财产安全，真正实现让村中环境美起来、让人民精神乐起来，焕发乡村文明新气象，助力乡村振兴再提升。

紫南村村民签订果树承包责任书

紫南村内被承包的果树

◎ 点评

在我国的乡村治理当中，“能人治村”是一个比较普遍的现象。个人的魅力、能量往往能决定一个村的成败。但是光靠能人也会出问题，如容易出现权力膨胀、家长制作风等等。因此，如何把个人的能力、魅力与制度建设结合起来，这在基层治理中也是难题之一。紫南村做了有益的探索，其经验值得总结和推广。

首先，将以制度管人、按制度办事儿的理念深入到乡村治理中。村里86项制度结集成20余万字的《紫南村党建引领自治管理制度汇编》。紫南村的成功关键在于建立制度。

其次，制度建设内容是村民迫切关心的问题，也是乡村治理中的难题。如财务公开制度，打造“玻璃式钱柜”让村里收入开支的一分一毫都明明白白，打造透明财务、阳光财务，通过实行集体审签制度和利用网络接受村民监督制度，财务公开得到了村民的认可和信任。

再次，制度的执行刚柔并济、灵活有效。紫南村结合乡风民情、刚柔并济，探索出一套独具特色而行之有效的乡村治理的“药方”。借鉴中医的方法：上医治国，中医治人，下医治病。在制度执行中有时候用“中药”，有时候要用“西药”，个别时候要下“猛药”。这些方法很符合农村情况，能够对症下药，效果非常好。

最后，制度建设和执行体现利益平衡和公平公正。制度的制定其实就是利益平衡的结果，制度的制定者要权衡个人和集体、现实与长远等多种利益诉求，以紫南村的长远发展和维护大多数村民利益来制定和执行制度。在制度执行过程中要一视同仁，不能因为是家人或者亲戚而区别对待，潘柱升“大义灭亲”的举动，做到了制度执行中的公正公平，同时也维护了制度的权威。这在乡土中国也是非常不容易做到的。

——中国人民大学公共管理学院教授、博士生导师魏娜

第四章

做大集体经济，奋力迈向高质量发展

第一节 发展集体经济的破与立

32.怎样做好一座村庄的产业发展规划？

产业兴旺是实现乡村全面振兴的重要基础，是解决农村发展问题的前提，是提高农民收入的根本途径。国务院印发的《关于促进乡村产业振兴的指导意见》提出，乡村产业根植于县域，以农业农村资源为依托，以农民为主体，以农村一二三产业融合发展为路径，地域特色鲜明、创新创业活跃、业态类型丰富、利益联结紧密，是提升农业、繁荣农村、富裕农民的产业。

要实现乡村产业兴旺发展，就需要做到科学规划，同时根据规划有序发展乡村产业。但也有的乡村缺乏长远的目光，没有充分意识到村庄整体产业规划的重要性，留下了发展粗放、环境污染、布局较乱等后遗症。

作为曾经的产业后进村，紫南如何利用自身的后发优势，为城市郊区农村的发展谋好篇、布好局？

> 紫南村已成为一座从全面小康走向城乡一体化融合的产业强村。作为一座珠三角发达地区的城郊村，紫南村在迈向工业化、推进城镇化的进程中，率先实现了“三变”，即土地变资源，资源变股本，农民变股民。在紫南村的产业规划方面，我们也注重以发展专业市场和商业综合体为抓手，为紫南设计出“四市场一产业链”的绿色经济发展模式。

发展是第一要务。只有经济发展了，农村很多问题的解决才有物质基础，这也是紫南村村民对新班子上任的主要期待之一。潘柱升深知，要兑现就职时许下的承诺，必须全力抓发展。敏锐的市场触角使他从回村任职的那一刻起，就在思考紫南村的经济发展出路。

为了统一思想，形成共识，潘柱升专门针对发展集体经济的议题召开村干部会议。“要实现紫南村长治久安、村民幸福的目标，必须发展经济。而发展经济必须理清思路，明确方向。人心齐，泰山移。请大家充分发表意见，看今后紫南发展的路该往哪走。”

有人说继续发展陶瓷产业，有人提议大搞房地产，也有人说要大力招商引资……谈起这个话题，村干部个个眉飞色舞，各抒己见，会议气氛十分热烈，给了潘柱升不少启发。

潘柱升发言时，首先向在座的村干部分析了紫南的条件和优势：一是紫南村紧靠佛山中心城区，具有得天独厚的区位优势；二是紫南的土地存量居全镇前列，有后发优势；三是紫南能人众多，有人才优势；四是上级对振兴农村经济大力支持，有政策优势。他说：“大家都知道，我是做专业市场出身的，在做市场过程中我积累了一些经验。我认为紫南应该以专业市场为依托，通过大力发展第三产业来带动紫南的经济振兴。”

这并不是潘柱升头脑发热，而是经过深入调查研究得出的结论。“我们要认清大势，粗放发展、污染环境的路已经走不通了。”

在潘柱升看来，利用紫洞路、季华路、广明高速等交通基础设施建设带来的优势，紫南村应大力发展第三产业，特别是通过建设有一定规模的专业市场来带动发展。

在班子内部取得一致意见后，潘柱升又带领团队对紫南村专业市场的位置及周边村庄的条件做了详尽的调查，并写成了一份经过充分论证的可行性报告。

可就在村“两委”准备甩开膀子大干一场时，村里又出现了不同的声音，不少村民通过各种方式提出了质疑：“紫南村离市中心不算很近，发展专业市场谁来？”“南庄是陶瓷大镇，放着好好的陶瓷产业不去发展，却做没有基础的专业市场，能成功吗？”

面对质疑，潘柱升自掏腰包，分两批安排112名党员和村民代表到贵州参观考察，让他们亲眼目睹自己在贵州发展专业市场的成果。

“走出去”开阔了紫南村党员、村民代表的眼界，也让他们认识到紫南村建设专业市场构想的可行性。回来后，他们主动当起了宣传员，以所见所闻宣传村中发展第三产业的好处，最终获得村民的普遍支持。

在上级党委、政府和村民的支持下，2008年5月23日，紫南村召开村民代表会表决通过了首个专业市场项目——投资4300万元、建筑面积达4万多平方米的紫南商贸城，并于当年8月动工建设。2009年7月4日，紫南商贸城盛大开业，商铺出租率达100%。如今紫南商贸城每年租金收入达2000多万元，成为村集体经济稳定的收入来源。

紫南商贸城成为村集体经济稳定的收入来源

33.发展经济该跟村民算好哪几本账?

推动农村经济发展，保障和改善民生是一项长期而复杂工作。既要追求效率又要兼顾公平，既要做大总量又要分好蛋糕，既要满足当下需求又要考虑长远发展。这个对立统一的矛盾，考验着村“两委”干部的治理智慧。

如何引导村民放下一己私利来共同创造公共利益的最大公约数？减少分红用于民生保障建设，如何让村民理解？如何实现经济发展和民生改善良性互动？紫南村给出了自己独特的答案。

在农村产业发展过程中，我们要跟村民讲清如何处理好几本账之间的关系。一个是经济账和生态账的关系，一个是今日账和未来账的关系，一个是老人账和子孙账的关系。

为抢占高质量发展先机，改善产业布局，积极推进新产业、新业态落户紫南村，我们加快了产业调整步伐，提前收回一批租金低、效益差的土地和物业，并对退租户进行经济补偿，表面上看会造成村集体合同收入减收，但现在的减收是为了未来的增收，今日的阵痛是为了明日的繁荣。

农村发展必须解决好如何赚钱、怎样花钱的问题。多年的企业经营和治村实践让潘柱升总结出“要跟村民讲清如何处理好几本账之间的关系”的经验。

第一本账是要处理好经济账和生态账的关系。潘柱升刚回紫南村时，村里有不少高污染、低效益的小工厂、小作坊。为了改善提升村里的环境，紫南村“两委”决定关闭这些小工厂、小作坊。

紫南村召开村民代表会议，来征求群众意见，让大家一起算经济账和生态账。“我们搞调研，做方案，最后通过村民代表会议，甚至以村民会议进行表决。”这些年来，紫南村关闭了20多家高污染企业，为高质量发展腾出空间；出台村规民约在村内禁止养牲畜、禁止出租房屋，最终以牺牲较小的经济利益，换来一个生态宜居的美丽大花园。

第二本账是要处理好今日账和未来账的关系。从2007年到2018年，紫南村的集体经济收入和村民人均分红，一年上一个台阶。但是到了2019年，紫南村却首次出现了村集体经济收入和村民人均分红比上年减少的情况。

“为什么会这样？因为我们坚定不移地贯彻创新、协调、绿色、开放、共享的新发展理念，在新的历史时期，我们已深刻认识到我们村面临的所有‘危机’都是源于发展质量不高，而所有的‘新机’只有通过高质量发展才能抓得住。”潘柱升说。

2019年，为改善产业布局，积极推进新产业、新业态落户，紫南村提前收回了一批租金低、效益差的土地和物业，为高质量发展让路。提前收回土地和物业，并对退租户进行经济补偿，导致了2019年紫南村集体合同收入减收和村民分红下降。

紫南村“两委”班子在村民代表会议上给大家算起了今日账和未来账，让村民明白上一年的减收是为了下一年以及未来的增收，今日的阵痛是为了明日的繁荣。事实证明，2019年的经济结构调整，为来年的增收打下了良好基础。

第三本账是要处理好老人账和子孙账的关系。紫南村通过推行农村股份制改革，使“土地变资源，资源变股本，农民变股民”。村民作为股东每年都能获得分红。但紫南村觉得还不够，每年从集体收入中支出一部分，让老人每月能领取1050元的养老金，让他们安享晚年。

同时，紫南村也清晰认识到，发展的未来要依靠后代。“我们还要拿出一部分集体收入，在家门口办起好学校，建立奖学金，鼓励年轻人奋发学习、积极向上，让紫南的未来更美好。”潘柱升说，这样的老人账、子孙账虽然加大了开支，对分红收入造成一定影响，但得到了全体村民的热烈拥护。

34.怎样大刀阔斧推进旧工业园区改造？

改革开放以来，珠三角的农村在早期工业化中先行一步，依靠“村村点火，户户冒烟”率先发展崛起，但随着时代的发展，这样的粗放式的发展模式也暴露出环境污染、安全生产隐患大等问题。

众多小规模的村级工业园区聚集了大批工艺低端、设备落后的工厂、作坊，是环境污染、扰民的重灾区。村级工业园区环境污染整治是佛山市环境污染整治的重点。近年来，以佛山顺德为代表，掀起了一场轰轰烈烈的村级工业园区改造升级大行动，希望以此为突破口为高质量发展腾空间、造环境。

早在十多年前，地处佛山建陶工业重镇的紫南村就已经意识到这一问题，并以壮士断腕的勇气，率先开展旧工业园区改造。既要金山银山，更要绿水青山，紫南是如何实现乡村经济与环境保护同向发力，开启绿色发展之路的？

> 既要荷包涨，更要河水清。没有好的环境如何吸引到好的企业？没有绿水青山哪来金山银山？找到阻碍发展的症结所在后，我们便以壮士断腕的勇气，大刀阔斧地对旧村级工业园区进行改造，为高质量发展腾出空间。

位于陶瓷重镇南庄的紫南村也曾面临以牺牲环境为代价换取GDP（地区生产总值）增长的粗放式发展困境，村中收入主要来源于村级工业区内的一众小企业，但村级工业区内大多是小散乱污企业，以陶瓷加工、不锈钢加工、五金加工、塑料加工等传统产业为主。这些企业对村内环境影响大，亦影响了紫南村招商引资和进一步发展。

关停、搬迁22家高污染、低产出的企业和小作坊（占当时全村企业总数的1/3），为紫南招大商、招优商让出了空间。经过近十年的发展，形成了“四个专业市场（即紫南商贸城、易运物流基地、国际陶瓷卫浴城、银河广场）和一个饮食产业链”的绿色环保产业格局，同时优越的环境吸引了61家企业落户，其中有3家上市公司、23家规上企业。新能源汽车发动机科力远、石墨烯新材料道氏科技、杜邦鸿基等“金凤凰”正是看中了紫南村的绿色发展环境和潜力，选择在此“筑巢”扎根发展。

紫南村还以旧村级工业园区整治提升为契机，腾出一个占地1.6万平方米的空间用于打造高端人才公寓，为紫南的第三产业和高端企业留住人才。紫南村还完善了园区基础设施，联合村民、企业，合资建成雨污管网2000多米，提升了园区环境质量。

2020年，全村各类企业实现生产总值38亿元，村集体资产达65,220万元，集体收入超1亿元，村民人均分红超1万元。通过打造绿水青山创造金山银山，村民们的荷包涨起来了。

35.一个村里的商贸城凭何成为全国诚信示范市场?

农村集贸市场是目前农村商品流通的重要渠道，是广大农民群众获取日常生产、生活必需品，出售农畜土特产品的重要交易场所，对方便广大农村消费群体、农村产业结构调整、农民创收和增收起到了积极的促进作用。但农村集贸市场经营过程中也存在管理薄弱、环境脏乱等问题。

紫南商贸城是紫南村最重要的出租物业之一，紫南村如何将其打造成为全国诚信示范市场?

紫南商贸城具有完善的组织架构和健全的管理制度，由一支60人的专业团队实施管理和服务。商贸城内设有管理处、办公室、档案室等，要求工作人员佩戴证件上岗，并制定了健全的管理制度。商贸城内的卫生、消防、水电、废弃物处理等基本公共服务设施均配备专人负责日常维护和管理。

“这个市场很干净，没有鸡鸭的腥味，地上也不会湿漉漉的，夏天市场里面也很凉快。”在紫南商贸城农贸市场摆摊卖菜的罗婆笑呵呵地说。

“凉快得都可以在这睡觉了。”对巷的阿姨打趣道，引得大家齐笑。

在这里，每个商家的摊位上都张贴着完整的经营许可证、价目表、保质期和联系方式等信息，以便消费者对比和溯源。市场内每隔三天就有专人进行一次较为彻底的清洁，以保证市场内无积水、无污渍、无异味，让顾客们有一个良好的消费体验。

紫南商贸城于2009年建成开业，其建设恰逢紫南村发展转型的节点。

早先由于发展陶瓷而兴建的工业厂房渐渐搬离紫南，紫南村亟须与城市发展相适应的新的产业补充进来。

与此同时，紫南村村民对于在家门口购物的需求也呼唤商贸综合体的出现。“紫南市场建成之前，村民只能到南庄吉利市场进行采购，非常不便。”紫南商贸城的一名工作人员说。

在上级政府和村民的支持下，2008年5月23日，紫南村召开村民代表会议表决通过了首个专业市场项目——投资4300万元、建筑面积达4万多平方米的紫南商贸城，并于当年8月动工建设。2009年7月4日，紫南商贸城盛大开业，商铺出租率达100%。紫南商贸城定位为顺应城市发展需求的集农贸、超市、餐饮、居住等于一体的大型综合商贸中心，下辖有紫南美食城、紫南员工村、紫南农贸市场等三大商业综合体，总占地面积6万平方米，服务辐射周边20平方公里范围，服务人口约4万人。

紫南商贸城从建设之初就提出以诚信为本，倡导文明的理念，建成后次年便被评为“广东省2010年创建文明集市示范单位”。

走进紫南商贸城，市场内设有大型LED（发光二极管）显示屏，将每天入市农产品抽检的结果、商品质量等信息进行公示。整个市场环境整洁，灯光明亮，设有四条进出通道，每条通道都很宽敞，宽在3米左右；清晰划分交易区，分隔为鲜、活、生、熟、干、湿等不同区间，方便消费者按标识指示找到各类商品。

几名保洁员和保安员在市场巡视，维持场内卫生和秩序。

经营户入场须经过商贸城严格的审查把关，符合条件并办理好相关手续的经营户才被批准营业。贸易过程中，经营户须保证所售商品符合法律法规的规定，落实“三包”制度，接受商贸城每周对经营环境、进货检查验收、索证索票和台账登记等进行巡查，以保证商贸城所售商品的质量。

而让其他市场为之头疼的流动摊贩，在紫南农贸市场也得到了妥善的安置。与大多数市场相似，紫南农贸市场内的流动摊贩多是像罗婆那样退休后在家种菜的本地老人，凭借诚信，依靠回头客和口碑经营。为此，市场管理方在市场内划分出部分区域，以每半天5元的价格出租给流动摊贩。流动摊贩要遵守市场秩序，只要产品在定期巡查与抽检中无不合格情况，就可以在此进行交易。

紫南商贸城建立了确保商品质量可以全程追溯的一整套制度，并不定期组织场内经营户进行信用建设管理、消防安全和日常行为管理等方面的培训，通过实施信用管理、开展诚信经营户评选活动，实现经营户之间形成良性竞争，创建诚信市场。

紫南商贸城为紫南及周边地区人们提供了环境良好的消费场所。2016年6月，紫南商贸城荣获“全国2014—2015年度诚信示范市场”称号

近年来，紫南村也在持续加大对商贸城的投入，增加和完善便民设施。比如由上级政府和村委会共同出资建设了人行天桥，以消除居民出行安全隐患。2015年，紫南村“两委”又先后购置了四台电瓶车，并科学地在每个村设置上落点，为村内55岁以上长者提供便捷的接送服务，获得村民一致好评。

经过多年运营，紫南商贸城已成为佛山市乃至全省知名的文明市场、诚信市场和绿色市场，获得“全国诚信示范市场”“全国绿色市场”“广东省2010年创建文明集市示范单位”“广东省守合同重信用企业”“佛山市创建文明集市先进单位”“佛山市诚信市场”“佛山市餐饮服务食品安全示范街”“佛山市禅城区爱国卫生标兵单位”等荣誉称号。

第二节　想企业所想方能招大商

36.小村庄引进一家世界五百强、三家上市公司，有何秘诀？

近年来，在产业转型升级的过程中，一些村面临着产业“空心化”的挑战。村作为最基层的行政单位，可以调配的资源也十分有限，在对外招商引资过程中属于被动角色。

紫南村的破题思路是“筑巢引凤”。那么这座小小的村庄又是如何变被动为主动，吸引60多家优质企业争相进驻的？

> 我是搞企业出身的，作为亲历者，我深知一个企业家要落户一个地方怕什么、担心什么、想要什么。他们最怕的是，谈项目引进时是“欢声笑语”，项目落地后是“枪林弹雨”。首先，我们要搞好硬件建设，把乡村当城市来规划，高标准、前瞻性规划先行，在道路交通、弱电下地、排污管网、生态绿道、停车场等基础设施方面，按城市标准来建设；在软件方面，把前来投资的企业家当亲人，善于换位思考，以“甲方的屁股来坐乙方的板凳”。

2017年1月，在广东省十二届人大五次会议分组审议中，省人大代表潘柱升被问到一个问题：在经济下行压力大的情况下，你们一个村却招来了世界500强企业和过百亿元的大项目，你们有什么秘诀？

潘柱升说，自己是搞企业出身的，作为亲历者最清楚投资商最关心的问题无非就是软件和硬件。“我们投资了1亿多元建好了道路、水电，铺设了排污管，配套建设了学校、幼儿园、医院、员工村、文体活动中心、大型停车场等服务设施；在软环境打造方面，我们把企业当亲人，把企业家的事看得比自家的事还重，宁肯自己多跑腿，也不让企业多跑路。”

投资环境好，配套设施齐全，服务周到贴心，投资商当然乐意来。

植好梧桐树，引得凤凰来。正是凭借优良的招商营商环境，紫南村取得了佛山村域招商引资、企业集聚的佳绩——包括3家上市公司、23家规上企业在内的60多家优质企业落户紫南，其中还有4家为国家级驰名商标。其中包括世界500强杜邦公司旗下的佛山市杜邦鸿基薄膜有限公司、佛山市最大的陶瓷出口企业尼罗格兰陶瓷公司、投资额超百亿元的科力远公司、佛山市最大的物流企业易运物流等。

紫南村在2007年后引进的企业和商户稳定率都在95%以上，不少企业和商户慕名而来，紫南村成为远近闻名的佛山产业发展沃土。每亩地的年租金也从2007年的8000元上升至如今的超4万元。

“因为潘柱升是干企业出来的，浑身上下都散发着怎么把‘一个企业办好’的气质，所以其治村也像在经营企业。”广东易运物流基地有限公司副总经理陈泳恩认为，紫南村的团队对企业的需求非常了解，在这里发展，我们对未来充满信心。

37. 要引进企业“大飞机”，如何先建成“A380起降的大跑道”？

乡村的发展需要招商引资注入新动能，但乡村招商又面临着“资源少、项目少、引资少、企业少”等比较突出的问题。现实中不少农村虽有连片的土地，但因为各方面条件的不成熟，吸引不了优质的企业项目。

加强农村基础设施建设，营造良好的营商投资环境，这是紫南村破题的思路。在企业家出身的村党委书记带领下，根据企业的发展需求，紫南村又做对了什么，怎样免除了企业的后顾之忧？

> 这些年来，我们没有把发展成果吃光、用光，而是投入大量资金建设路网、水网、电网等基础设施，这是为了让企业“大飞机”降落在紫南铺设好的“A380起降的大跑道”。

作为一名企业家，潘柱升在招商引资、建设和经营市场等方面积累了丰富的经验。所谓在商言商，在对外招商之前，紫南村就先着手高起点、高规划、大手笔做好硬件建设。

路通财通。在硬件建设中，紫南村将交通建设放在了首位，先后投资5600万元修通马路，并进行了硬底化，配建了花坛，安装了路灯、路牌。经过几年的持续建设，紫南村形成了四通八达的交通网络。

针对企业员工和村民进出不便，希望公交车能早日进村的诉求，紫南村急企业、群众之所急，解企业、群众之所忧，投资60多万元建好紫南商贸城公交站，佛山公交K1线在紫南商贸城设站。之后更多公交线路相继开通，解决了紫南村及周边村民群众出行不便的难题。考虑到企业进驻带来私家车和来往运输车辆的剧增，2015年，村里又兴建了可同时停放400多辆汽车的现代化立体停车场，满足企业员工和村民的停车需求。

解决好出行的问题后，紫南村着手建设员工村，解决外来务工人员的居住问题。2009年，紫南村率先以公租房的形式向社会推出了首期紫南员工公寓，受到了外来务工人员的青睐，出租率达到100%。

2012年紫南村又推出二期员工公寓。两期公寓共六栋1300套房，有28平方米和59平方米两种户型，实行封闭式管理，租户刷卡出入，不仅舒适安全，租金也略低于周边。后来，为满足家庭人口较多的外来务工人员需要，村里又与外界合作引资2亿多元，开发建设了8万多平方米的贤德公寓。

此外，针对外来企业员工子女入读的问题，紫南村还累计投资1亿多元建设改造了幼儿园和小学，并建设了文化广场、文化长廊、文化活动中心及一批公园，全方位满足了企业职工的物质和精神需求。

凤非梧桐不止，非练实不食，非醴泉不饮。潘柱升深知，优质的企业对环境的要求相当高，只有建好“A380起降的大跑道”——通过做好硬件建设，让企业和经营者没有后顾之忧，才能吸引一批企业“大飞机”降落紫南，生根发展。

38.“塘水活，鱼儿肥”，如何做好安商稳商？

引进资本下乡投资除了要“招得进”还要“留得住”。在当下竞争激烈的招商引资角逐下，不少农村由于缺乏服务意识，或受限于自身资源条件，容易忽略对进驻企业的服务，从而导致到一些好不容易引进来的项目外流到其他地区。

2007年以来，紫南村引进的企业和商户稳定率都在95%以上。在安商稳商扶商方面，紫南村有何妙招得到企业一致好评？

> 一个鱼塘，有少数几条鱼死了，那是鱼的生存竞争能力问题；如果是整塘鱼死，那就是水质问题。紫南一定要把鱼和水管好，营造一个能把鱼养得又大又肥的环境，而且千万不能时不时出现死鱼。死鱼多了，同样会对活下来的鱼和水产生不好的影响。紫南村就是着力营造“鱼塘的水，既能养大鱼，更能养肥鱼”的营商环境。

紫南商贸城建成后，在对外招商的时候，由村干部介绍前来的有意租铺的商家络绎不绝，可他们经营的产品几乎都是一样的。

得知这样的情况后，潘柱升马上召集村干部开会：“为了完成招商任务，大家都很辛苦，但有一点我必须指出，我们出租同类的铺位不是越多越好，必须把握一个度，那就是同类档口一般不能超过两个。”

“为什么？管他租多少，能出得起租金就行了。”对于班子成员提出的疑问。潘柱升说：“如果同类的档口过多，租户就赚不了钱，他赚不到钱我们就收不到租金。也就是租户有钱赚，我们的租金收益才有保证。”

这是潘柱升在商场摸爬滚打多年所积累的实战经验，在他看来，发展专业市场必须以“效益、带动、共赢”为原则，这也成了紫南村招商引资的“六字真言”。在潘柱升的带领下，紫南村又从紫南商贸城拓展到易运物流基地、国际陶瓷卫浴城、银河广场等其他专业市场。

来到紫南村投资发展的企业，都会感受到一种温暖尊商亲商的氛围。只有建好硬环境，才能把企业和经营户引进来；只有不断改善软环境，才能留住企业和经营户。对企业渴望服务的需求，潘柱升有切肤之感，并多次强调，引进来的企业和经营户是紫南村的衣食父母，对其服务一定要保持热情，能自己马上办的必须马上办；需要上级或相关部门办的，要积极协调帮助解决。

2009年5月进驻紫南的叙福楼海鲜酒家的老板关祖耀对此感触最深。2007年，他经营的叙福楼原来租赁的土地到期了。了解到情况后，潘柱升开始游说关祖耀到紫南村开一家新叙福楼。但当关祖耀来到村里安排的酒楼用地现场一看，两眼都直了，那只是五个连在一起的大鱼塘。正当他犹豫不决之时，紫南村委会表现出的诚意和魄力令他十分惊喜。仅两个月时间，新叙福楼就完成了土地平整，并顺利动工建设。此后紫南村委会还在酒楼的设计、施工、装修、管理等方面给予了极大的配合，还专门组织人为其做清洁、打扫卫生。经过短短半年的努力，叙福楼成功开张营业。

“紫南村随时随地为企业排忧解难，提供高效的服务，最重要的是他们说到做到的作风，给了我更多的信心。”关祖耀感叹。

叙福楼的快速落地有赖于紫南村委会高效的服务机制。紫南村委会实行每周一至周六六天工作制，村里设立了党群服务中心，将流动人口和出租屋管理、社保、计生、民政、消防、安监、国土城建等部门集中到中心，安排16名工作人员，通过设立AB岗，保证每个岗位都有人办公，企业和个体老板及村民办事不用到处跑。

“为什么人们愿意来紫南，因为这里环境好、服务好、口碑好。”时任紫南村党委委员罗永秋说，紫南村“两委”干部将企业和经营户当自己人来看待，帮助其免费办理营业执照，来紫南，办大部分事，最长时间不会超过一天。

为了将紫南美食城打造成品牌饮食商圈，提高美食城的知名度，美食城开业初期，紫南村出面组织，联合进驻商家举办美食节，以吸引更多的客流。2020年新冠肺炎疫情发生后，对餐饮服务业造成巨大冲击，紫南村不仅主动减免紫南美食城部分商家的租金，还出面帮助叙福楼等商家低价促销食材以回笼资金、减少损失，并结合市、区两级政府派发的消费券，开展一系列美食促消费惠民活动，帮助餐饮企业渡过难关。如今，紫南美食城已经入选禅城区政府认定的六大美食集聚区。

“你只想挣今天的钱，还是想挣长期的钱？”潘柱升常说，做专业市场、物业出租，出租方好比是水，经营户是鱼，必须处理好鱼和水的关系。如果鱼塘里只有几条鱼死了，还可以说得过去，但如果鱼塘里有相当数量的死鱼出现，那就是水的问题了。“从营商环境的角度，我们必须要营造一种能招进来，又安得住、稳得住、发展得好的经营环境。”

作为甲方，紫南村站在乙方的角度思考和处理问题，赢得了乙方的尊重和信赖，这是紫南村安商稳商的一大法宝。

39.如何与辖区企业画好共建共治共享同心圆？

近年来，随着资本下乡和企业在农村不断发展壮大，以工商企业为代表的社会力量在乡村振兴中的角色愈发重要，而且随着企业员工数量的增多，企业所面临的当地事务也越来越多，参与乡村治理的诉求也愈发强烈。

紫南村也面临着这一问题。该村拥有本地户籍人口6800多人，外来人口7200多人，如何推动彼此间的资源整合、力量融合、功能聚合、手段综合，形成一股乡村治理的合力？

> 多年来，紫南村党组织与辖区企业党组织形成党建工作联合、规划发展联合、公共事务管理联合、宣传营销联合、重大活动策划联合、环境整治联合的工作机制，把村党组织和辖区企业党组织的关系、村委会和企业之间的良好关系、户籍村民与外来务工人员的友好关系，转化成一种强大的、积极的乡村社会治理效能。

回想起2020年初，新冠肺炎疫情之下，企业忙着复工复产的情况，广东易运物流基地有限公司总经理李继兵对公司所在的紫南村依然难掩感激之情。

“如何做好一手抓防疫，一手抓发展，之前大家都没试过，所以普遍比较忧心。”李继兵说。

为了打消企业家的焦虑，紫南村专门成立了六个工作组与辖区内每一家企业保持密切联系，全力协助企业建立疫情防控责任机制并制订应急预案，完善企业内部的疫情防控管理。

其中，易运物流基地作为佛山最大的货运物流基地，肩负着保障特殊时期佛山货运进出通畅的重任，为此，潘柱升多次到易运物流基地现场检查，为物流基地疫情防控工作出谋划策，给易运物流基地送疫情防控宣传海报和横幅，以及体温检测仪等防护物资。

有企业复工缺口罩，紫南村马上发动资源送去上千个口罩；村里的酒楼受疫情影响积压库存，紫南村又当起义务推销员，帮助其促销食材。“企业是我们的根，没有企业，就没有紫南的今天，我们会和大家一起努力战胜困难。”潘柱升说。

一系列“硬核”举措，给企业吃了颗“定心丸”。2020年3月13日，紫南村辖区共61家企业，其中已有60家企业复工，复工率达到98.36%。

村里支持企业，企业也支持村里。得知紫南村值守人员在春雨绵绵中坚守在抗疫一线，李继兵二话不说，立即调来了九个集装箱运到紫南村九个露天出入口体温检测点，为打好村里疫情防控持久战提供了有力的保障。

村企互助，携手抗疫。这是紫南村与辖区内企业画好辖区共建共治共享同心圆的生动写照。

紫南村辖区内有61家企业，在潘柱升看来，村委会与辖区企业是土地和物业租赁的经济合同关系，彼此之间没有任何隶属关系和依附关系。但紫南村的集体收入主要来源于土地和物业出租，因此紫南的产业是否兴旺，不仅在于招商引资能否引来优质企业，还在于把企业引来后，企业的生存发展是否顺利。

紫南村有本地户籍人口6800多人，外来人口7200多人。为了推动彼此间的社会治理资源整合、力量融合、功能聚合、手段综合，紫南村也做了很多尝试，例如与辖区企业“两新”党组织成立联合党委、成立职工活动中心、组织辖区企业员工和紫南村村民一起开展文体活动、为辖区企业员工购买“二次医保”、把公共文化设施向辖区企业员工免费开放、在辖区企业员工中评选“优秀‘新紫南人’”等。

2020年3月，紫南村为企业抗疫一线的志愿者们送温暖

从2013年开始，村里还陆续邀请100名来紫南投资的企业家列席旁听村中会议，让企业家全程参与紫南村的决策。

在紫南村，村委会和企业之间的良好关系、户籍村民和外来务工人员的友好关系，正在转化成一种积极的乡村社会治理效能。

2020年4月，紫南村“两委”干部到辖区企业了解防疫情况

第三节　发力乡村文旅开新路

40.如何充分发挥土地资源效能，实现可持续发展？

改革开放之后，珠三角的农村顺应早期工业化的趋势，通过土地、物业出租来实现发展壮大村集体经济，确保村民分红收入的稳定增长。

地处中心城区城郊的紫南村，单纯依靠出让土地或者单纯依赖租赁经济，都会面临发展的“天花板”。紫南村如何充分发挥土地资源效能，实现可持续发展？

> 土地资源不是橡皮筋，没有弹性，不能拉伸，土地资源是稀缺的、有限的，要让集体经济由原来的快速增长转为高质量发展，就要充分发挥土地资源的效能，要盘活现有的资源，利用好多年来的硬件建设成果，把生活资料转变为生产资料，实现可持续发展。

2009年以后，随着紫南专业市场的发展成熟，紫南村以出租土地和物业，实现了经济的快速增长。但从2018年开始，紫南村集体收入增长明显减慢。紫南村“两委”班子清醒地意识到，随着土地和物业资源开发殆尽，单纯依赖出租土地和物业的经济增长方式已经难以为继。

“土地、物业用完了，今后靠什么？我们要盘活这5.88平方公里的资源，把过去只在紫南的土地上‘种甘蔗’‘卖甘蔗’，转变为延长‘甘蔗产业链’。”潘柱升说。

所谓延长产业链，就是依托紫南十多年来积累的产业和环境资源，大力发展文旅产业，打造国家4A级旅游景区，推动经济从高速增长迈向高质量发展。

在潘柱升眼中，紫南当下应该做好周边的服务配套。“为什么我们的农贸市场那么热闹呢？光是我们紫南人达不到那个程度，外面的人会进来紫南消费。如果紫南能够做好这些生活配套与项目配套，现有的存量土地资源能发挥更大的作用，为可持续发展提供保障。”

41.没有大山名胜的乡村如何建设4A景区？

近年来，在乡村振兴战略的实施过程中，全国各地不少农村发挥资源禀赋优势，大力发展文旅产业促进产业兴旺，形成了百花齐放的乡村旅游发展格局。但对于靠近中心城区的城郊农村而言，没有名山大川、没有名胜古迹，如何在激烈的乡村文旅产业竞争中脱颖而出？

紫南村是典型的城郊融合村。从工业向文旅产业的跨越，是探索农村经济可持续发展新路的必然，但要培育一种新的产业、新的业态，没有现成的经验和人才队伍，紫南村又如何突围？又有何底气喊出打造“村庄上的4A景区”的宏伟目标？

> 总体上来说，别的地方有很多自然遗产或文化遗产，要么是山清水秀，要么有文物古迹。所以，人家是“申报”A级景区，而我们是“创建”A级景区。但是，老祖宗也给我们留下了宝贵的东西，那就是纵横交错的河涌水网、岭南水乡风貌。
>
> 我们创建4A景区不是为了牌子，而是为实现新一轮振兴增创新优势，做好新一轮乡村振兴的文章。

经过13年的发展，紫南村的集体收入超过了1亿元，如何推动产业转型，摆脱对土地资源型经济的依赖，是近年来紫南村一直思考并探索的课题。

2016年紫南村委会提出“文化立村、文化兴村、文化强村”发展战略，并于2017年推进产业转型升级，提出要走文旅融合的产业发展之路，开发乡村旅游和工业旅游，打造“村庄上的4A景区”。

在紫南村吹响发展文旅的号角之初，面对没有名山大川、名人古迹，旅游资源匮乏的现状，一些业内人士对紫南提出的打造“村庄上的4A景区”目标提出质疑或持观望态度。而在村里，部分村民对此也不甚理解。

从专业商贸向文旅产业的这一大跳跃，没有现成的经验和模式可以借鉴。但在潘柱升看来，紫南村凭着十多年来在破解农村改革难题中积累的敢于探索、勇于创新的先行先试的干劲，可以率先闯出一条新路子。

破题文旅产业发展，紫南坚持规划先行。2018年，紫南村引进专业公司编制了《紫南村旅游发展总体规划》，描绘了紫南村文旅产业发展的蓝图。

有了规划蓝图的指引，紫南村以水乡文化为根基，以休闲旅游为突破口，累计投资了超3亿元，对全村旅游环境进行全面改造提升，先后建设阿农湾农耕文化园、吴信坤艺术馆、洛神云筑民宿、“紫南船说”水乡码头、紫南低空飞行旅游、紫南房车营地等项目。

经过两年多的建设，紫南村已拥有了“三馆一园”的旅游研学载体。“三馆”即汇聚展示广府文化好家训、好家风的广府家训馆，展示佛山人精神文明素养的佛山好人馆，以及让人了解农耕文明、体味浓浓乡愁的紫南村史馆；“一园”即贤德公园，以弘扬“贤德根脉文化”为主题，将佛山民间文化与中华传统家风家训文化相融合。

2019年，紫南村注册成立了佛山市紫南文化旅游发展有限公司，建立了管理队伍，制定了规章制度，开展了丰富多彩的文化旅游主题活动，并参加2019中国高铁经济带旅游博览会，首次向社会宣传和展示紫南村文旅产业建设成果。2019年底，由紫南村投资兴建的紫南文化园经过一年多的建设和运营，成功获得国家3A级旅游景区资质。

成功挂上3A景区的牌子后，紫南村又马不停蹄地向创建4A景区发起冲刺。

打造“村庄上的4A景区”，仅靠村里的力量难以支撑。为此，紫南引入专业的团队，负责文旅园区的运营管理和创建4A景区的技术咨询。2018年以来，南方报业289公司、广州五维旅游规划、吴信坤工作室、洛神云筑民宿、阿农湾农耕文化园、中山大学、华南农业大学、广州和光同尘新传媒、玉明绘画、北京四季文旅等先后为紫南文化旅游区打造文旅项目，进行旅游规划设计、宣传推广和运行管理服务。

发力文旅，还须以龙头项目为抓手，紫南村引进了洛神云筑民宿、阿农湾农耕文化园、吴信坤艺术馆等总投资额超6亿元的重磅项目。

其中，洛神云筑民宿是佛山首个盘活村民闲置房屋资源，以企业的资金、设计和经营理念活化古村落的项目，项目联合大陆及台湾著名设计师，改造紫南村头村民小组的100多间旧民居，打造佛山首个连片民宿群。而阿农湾农耕文化园占地460多亩，包含市级农业博物馆、农业科普实验室、农耕文化区、蔬菜大棚种植区等精品项目，致力打造成为极具农耕文化特色的创新型绿色生态园。

洛神云筑民宿、阿农湾农耕文化园、吴信坤艺术馆、紫南低空飞行旅游等项目于2020年9月对外开放，“紫南船说”水乡码头预计2021年7月前对外开放。

经过三年多来的努力，2020年紫南村文旅产业迎来了厚积薄发。2020年5月，紫南村成功入选国家级文化旅游公共服务机构功能融合试点单位，成为佛山唯一入选的试点单位；9月19日，紫南获中国旅行协会授牌“全国研学旅行基地”。

而2020年佛山（禅城）旅游文化周活动更是将主会场放在紫南村，针对本次活动，紫南已开展了紫南三馆提升改造、2公里休闲步道、阿农湾农耕文化园、导视系统的设计安装等硬件建设，并优化提升配套服务设施和加大宣传推广。全新打造的紫南文化旅游区同步对外试运营，整合多家文旅项目的紫南文旅品牌整体发布。

漫步紫南2公里核心文旅休闲步道，到阿农湾坐小火车穿越稻田花海，现场采摘鲜蔬瓜果，共赏田园野趣；走进洛神云筑，领略岭南民俗特色，还有艺术大师现场献艺……一座“明星村”正扛起禅城全域旅游发展的大旗，让游客悠然见远方，勾起田园乡愁。

42.怎样盘活村民闲置房屋用于连片民宿开发?

近年来，在乡村振兴战略的大背景下，全国各地纷纷出台政策引导，加上市场需求的推动，乡村民宿作为乡村文旅发展的重要项目形式，实现了数量规模和经济效益的快速增长，并呈现出蓬勃向好的发展态势。

然而，发展乡村民宿的过程中也面临着诸多难题。如乡村民宿的发展必须系统规划、集聚连片、整合开发，切忌单打独斗，但现实中不少农村房屋尤其是旧民居涉及产权归属、风俗禁忌等复杂情况，要连片改造往往较为棘手。另外，如何平衡村集体、村民、投资者三方的利益，实现各方共赢，也极为考验乡村治理的智慧。

发展文旅，紫南村也绕不开这些“绊脚石”。向来先行先试，紫南村是如何让村民从抗拒到接受、支持甚至融入，盘活村中闲置旧房屋，打造出佛山最大规模的连片民宿的?

> 把保障村民的利益放在首位，同时也兼顾第三方的利益，村委会尽全力做到合法公正。在租赁的过程中各家各户有千差万别的问题，但是村委会都会敞开胸怀进行解答，同时也会采取合理的措施去解决，如日后村头村民小组规划建设公寓楼，将会优先分配给把旧房子租赁出来的村民。

紫南村头村，是一座有着600多年历史的古村，村中碧水环绕，榕树成荫，小巷蜿蜒，至今仍保留着祠堂、书舍、民居等传统建筑，集中凸显了岭南水乡的特色。然而，不少旧宅已人去屋空，常年无人居住，有的甚至房顶坍塌，几成危房。

2019年，紫南村引入佛山市洛神旅游文化发展有限公司，在村头村民小组投资1.2亿元打造洛神云筑特色民宿项目，将该村118座旧民居设计改造成民宿，让古老的村落焕发出新的生机。

这是佛山首个企业与乡村合作开发的民宿旅游项目，也是南庄镇首个盘活村民闲置房屋资源，以企业的资金、设计和经营理念活化古村落的项目。紫南村委会对其寄望甚高，因为这不仅是村里文旅产业的重点项目，更有希望成为一项惠民工程。

但一开始村民并不十分理解，尤其是让一家外来的公司改造村民老宅的做法，更遭到不少质疑。

村民担心的，不只是改造施工会破坏老宅的建筑结构、影响村里的环境，还有一种把“老家”交给外人改造的不舍。“从我爷爷那一代起，我们家就住在那栋老宅里了，那时候说要把老宅承包给旅游公司改造成民宿，我很不放心。”紫南村头村民小组的梁沛玲说。

紫南洛神云筑民宿项目推进过程中遇到的难题远比想象的复杂，征用的房屋涉及村头村民小组100多家农户，这些旧房屋的产权归属、过户情况复杂，拆建改造还要顾及村民的风俗禁忌、红白喜事习惯，每间房屋的面积、结构、层数、完好程度各不相同。

为了让村民理解支持项目的推进，从2019年5月开始，紫南村多次召开洛神云筑民宿项目屋主大会。

“在民宿的改造过程中，设计师会尊重现有的古村落风貌，尽量不采取推倒重建的方式，针对现有的房屋基本情况，增加现代元素，采用新旧结合、因地制宜的方式进行改善采光、通风、美化设计。”项目负责人陈美妍向村民详细介绍改造的思路，并承诺经过设计改造，还给村民的将是一个美轮美奂、有设计感、传统与现代共生的小型别墅。

为了打消村民的顾虑，潘柱升更是亲自为全体屋主对租赁合同“一字不漏”地进行解读。他向村民保证，这份合同首先会把保障村民的利益放在首位，同时也兼顾第三方的利益，村委会尽全力做到合法公正。此外，为了制定这份合同，村委会邀请了不同的律师，前前后后反复论证和修改了十几稿，以确保其合法性和公正性。

深入农户，建档立案，晓之以情、动之以理，在紫南文旅产业工作组和村民小组长耐心而扎实的动员工作下，2019年6月20日首批房屋交付成功，村民在交房五天后即可收取当年的租金。

2019年7月，主创团队如期进场设计和施工；11月，紫南村民宿项目获首批官方认证的“佛山民宿标识牌”；12月，民宿项目签约户数已达计划目标的90%。

对于村民来说，洛神云筑也是实实在在的一个增收项目。村民按每月每平方米10元的价格，将旧宅出租给紫南村委会，再由村委会统一出租给洛神旅游文化发展公司。此外洛神云筑还聘请了20多个村民担任施工人员、花匠等，每月为他们支付3000至8000元不等的工资。

村民余易易家里有一栋闲置了十多年的旧房子，平时主要用来堆杂物，有些部分已经发霉，或者被白蚁咬噬。现在出租后，每个月能收400至500元的租金，旧居还得到了修缮。“村里发展文旅产业，让我们感受到了实实在在的便利，也看到了机会。”

2020年，余易易一度失业赋闲在家，在村委会的帮助下，她到洛神云筑项目工作，如今已成为其中一家旅游科技公司的店长，负责日常的店铺打理、游客接待和讲解，不仅比以前收入高，还有时间陪伴家人。

在紫南村党委委员刘路看来，紫南村通过发展文旅，培育更多新的业态，村民也能从中找到新的商机，获得更多的收入，迈向更加幸福美好的康庄大道。

43.上央视，成“网红”，乡村文旅怎么火起来？

乡村旅游市场需求旺盛、富民效果突出、发展潜力巨大，一直被视为新时期居民休闲度假旅游消费的重要方式，同时也成为促进农民增收、农业增效和农村经济社会全面发展的重要力量。近年来，随着人们收入水平的快速提升，旅游尤其是乡村旅游正成为发生频次极高的休闲行为，特别是围绕城市周边开展的周边游、农家乐等形式正如雨后春笋般在全国各地兴起。

目前乡村旅游在发展过程中，还存在着产品形式比较单一、缺乏特色、同质化严重、部分地区品牌标准化程度低等诸多问题。

放眼全国，紫南发展乡村文旅起步并不算早，也没有很好的自然、人文资源禀赋，那么该如何建设景区景点，塑造旅游吸引物，聚集人气？

> 我们打造的4A级旅游景区，不是一个关起门来收门票的封闭景区，而是一个开放的、产城融合的、公益性事业与市场经营行为相交融的共享空间。在这个空间，游客与村民共生共存，文旅产业与现有产业（农业、工业、服务业）共生共存，村级文化建设事业与旅游市场经营行为共生共存。在这个景区，不会因免费向游客开放而影响村民出行和生活，不会因为引进各类文化公司而影响现有企业的生产经营，不会因为旅游经营市场化而影响紫南村公益性文化建设。
>
> 乡村文旅的核心是人文，目的是让游客看到想看的，让村民寻回过去的乡愁，让村民、游客、产业在村里共生共存。

采撷瓜果乡，悠然在紫南。2020年国庆期间，距离禅城城区仅10多公里的紫南村游人如织，这里没有名山大川，也不是著名的景点，但其现代化气息与岭南水乡风情的融合，吸引了众多旅客前来打卡。

紫南乡村文旅的蓬勃兴起也吸引了央媒的关注。中央电视台一套《焦点访谈》栏目报道了紫南村从落后村、上访村到示范村、明星村13年来脱胎换骨的巨变，并肯定了其在乡村振兴中形成的良性循环，为落实基层社会治理，留下了可圈可点的足迹。

紫南村2016年提出“文化立村、文化兴村、文化强村”发展战略；2017年提出要走文旅融合的产业发展之路，打造“村庄上的4A景区”，编制了全旅游发展总体规划。

发展旅游需要培育旅游吸引物。没有名山大川，紫南的乡村旅游怎样发力？

紫南村的突破口在于公共基础设施的提升改造。近十年来，紫南村共投入3.8亿元进行了基础设施的升级改造，人居环境大为改善，尤其是在公共文化综合服务中心和旅游服务配套方面，拥有紫南三馆、紫南赋文化广场、紫南文体艺术中心以及多种一流的文化体育设施，拥有桃园一品、领逸酒店、紫南商贸城等餐饮企业和商业综合体。紫南村充分利用、盘活这些优越的公共基础设施，根据国家旅游景区评级标准，变生活资料为生产资料，不断提高资源使用率，按“宜融则融、能融尽融”的原则，在公共服务、场地设施、宣传引导、管理运营等方面，大力推进文旅融合。

用专门的人做专业的事，引进专业团队开展产业化运作，这是紫南村向第三产业“一跃”的法宝。紫南引进了一批新产业、新业态项目实施落地，形成了旅游＋农业、旅游＋文博、旅游＋教育、旅游＋体育、旅游＋工业等“旅游＋”系列业态，一个与大湾区优质生活圈相适应的、宜居宜业宜游的美丽乡村旅游休闲地正在建成。

2020年5月，紫南村与广州和光同尘新传媒有限公司签署了合作协议，以购买服务的方式，让对方对“紫南文化旅游区”进行统一宣传推广、统一运营管理，整合园区多家文旅项目形成握指成拳之势，通过专业团队策划实施9月文旅嘉年华、丰收艺术季、“仁善紫南”美德人物分享会等，把文化事业融入旅游产业，用旅游产业兴旺文化事业。

发展旅游还须集聚人气，一系列文化旅游活动的举办则为激活乡村旅游注入了动能。2020年的佛山市庆祝农民丰收节活动主会场、佛山（禅城）旅游文化周的主会场均选择了紫南村，这既体现了上级党委、政府对紫南村的认可和支持，也为乡村文旅的发展注入了动能。

漫步阿农湾体验农耕文化，直升机低空俯瞰乡村，游洛神云筑体验岭南民宿风情……紫南村已成为禅城全域旅游一张新名片。2020年国庆黄金周期间，紫南村平均每天吸引游客超2000人次。

打响品牌后，紫南还注重文旅IP的打造及产业链的延伸。参照“我在故宫修文物”系列的姓氏文化笔记本、莫兰迪色系帆布袋、印着“有车有楼不如有紫南户口”字样的咖啡杯等文创产品分外吸睛。“今年紫南文创产品已全新升级，更时尚、功能更强、更受年轻人欢迎。”紫南文化创意有限公司总经理张遐说。

“文化和民风是禅城乡村文旅的一大特色。”紫南村的水乡生态和丰富的民俗文化，给中国旅行社协会秘书长孙桂珍留下了深刻印象。

2018年6月，中央广播电视总台社会与法频道《家风》栏目组来到紫南村调研

2020年10月，中央电视台《焦点访谈》栏目，以紫南村文旅火热为引子，关注并揭开紫南村的“蜕变密码”

2021年3月，紫南村党委书记潘柱升，登上央视国防军事频道《老兵你好》栏目

◎ 点评

一般来说，村级集体经济发展的目标并非效益优先，而是安全优先，任何的投资和建设等都要从保本经营的角度出发，毕竟，集体经济的成败涉及全村的公共利益，因此，从珠三角大部分的村级集体经济发展方式来看，主要侧重于土地、物业出租等，依靠收取租金的方式来保持集体经济的稳定收益。

然而，在珠三角整个产业结构转型的背景下，低端劳动密集型和资源消耗型的企业逐渐退出，中高端资本和技术密集型企业进入，在这个过程中，村级集体经济应积极适应这一产业转型的趋势，将集体经济融入到整个区域经济发展的大环境中。紫南村正是这样主动融入整个珠三角区域经济转型升级的时代潮流之中。

得益于紫南村处于城郊所具有的后发优势，十多年前紫南村的发展与南庄其他地区发展模式相似，村级集体经济的规模也比较小，甚至可以说有些落后，留存有大量的集体土地资源，获得了转型升级的腾挪空间，为紫南村实现跨越式发展创造了条件。

紫南村实实在在把握住了这次机遇，率先对村级集体经济的治理结构进行调整，凝聚发展共识。集体经济的发展直接涉及村民的切身利益，在发展和壮大集体经济过程中，如何协调集体利益与村民利益是村级集体经济发展的关键，在发展与分配之间作出恰当的统筹，想方设法将村级集体经济的“蛋糕”做大，而不是急于去分配“蛋糕”，这需要真正让村民对于未来的村庄发展形成高度的共识，帮村民算清经济账，谋划好未来村级集体经济发展的蓝图。

在村庄形成发展共识之后，紫南村在党组织的领导下开始以一种村庄企业家的思维发展村级集体经济，大刀阔斧地进行旧工业园区改造升级，使之从原本的低端物业出租向物流集散和商贸转型，从乙方的思路出发改善村庄的营商环境，并且将营商环境的思路落到实处，进而能够逆势而上。在其他地方比拼租金价格的时候，紫南村实际上已经在比拼营商环境与经营生态，正因为良好的营商环境，紫南村成功逆袭，形成村庄与企业协调发展的命运共同体。

凡事预则立，不预则废。如今的紫南村正悄悄地进行着第二次创业，转向乡村文旅产业，更加积极主动地谋求村庄集体经济发展的新增长点，这与十多年前紫南村的创业一样，是又一次重要的转型升级。

——华中师范大学中国农村研究院助理研究员任路

第五章

高标准高起点，
建设宜业宜居美丽乡村

第一节 让村庄享受城市生活

44.一座村庄为何以城市公共服务标准规划建设?

随着经济社会的发展和城镇化进程的不断加快，城乡之间日益交融，互相影响。但原有的规划管理制度建立在城乡二元结构基础上，就乡村而论，乡村由于缺乏合理的规划引导，出现了盲目建设、无序建设的现象，造成土地资源的浪费。

中共中央、国务院印发的《乡村振兴战略规划（2018－2022年）》提出要推进城乡统一规划，综合考虑村庄演变规律、集聚特点和现状分布，结合农民生产生活半径，合理确定县域村庄布局和规模。建设立足乡土社会、富有地域特色、承载田园乡愁、体现现代文明的升级版乡村，避免千村一面，防止乡村景观城市化。

面对城市化快速推进的新态势，既要符合整体城市规划的大局，让紫南融入城市，又要保护好紫南乡村原生形态，保留住岭南水乡特色，让人们看得见绿树，望得见碧水，记得住乡愁，紫南是如何做到的?

> 什么叫城市，什么叫农村？为什么以前紫南这么多人去城市买房？为什么家里有三层240平方米的房子他不住，他跑去城市买个120平方米的房子？就是因为我们的家园满足不了他对美好生活的向往。人家城市有公园，有商场，有车站，有学校……我们紫南没有。如果城市有的我们都有，城市没有的我们也有，我们不就是城市中的花园，花园中的乡村吗？他们不就都回来了吗？

如今走进紫南村，宽敞的柏油马路，两边高楼建筑沿着季华西路两侧有序分布，广阔的中心广场，现代化的停车场……这个面积仅有5.88平方公里的村庄给人十分开阔的空间感，仿佛置身于城市当中，部分设施甚至优于城市。

这样的场景在十多年前是不可想象的。村民霍顺娟还记得，那时全村唯一一条比较像样的马路就在紫南村委会门前，乡间村道只铺设了石路，要进出村里十分麻烦。“连我亲戚过来看我，回去都会问我父母，为什么舍得把女儿嫁过来这个地方。”当时不少本村人宁愿舍近求远，搬到南庄镇中心或禅城区中心居住。潘柱升感叹，城市和农村的区别就是，城市有医院、幼儿园、公交、污水管网，这就叫城市。“如果它有的紫南都有，它没有的紫南也有，那紫南不就是城市里面的村庄吗？”

城市有的紫南也要有。按照佛山市城市总体规划、禅西新城片区规划的要求，紫南村提出要用城市化的理念编制紫南村建设规划，划定了工业、行政与服务业、教育、村民住宅、园林绿化等若干个功能小区，实行高起点一步规划到位、高标准分步建设。

在此规划下，紫南村率先建设村级中心区，包括村委会及周边约1.5平方公里的范围，涵盖了行政、教育、文化和服务行业等功能区，是紫南的政治、经济和文化教育中心，连接外界的交通枢纽，是全体村民集中活动的重要场所，也是外地人了解紫南、认识紫南、观察紫南的窗口，是紫南的“脸面”所在。以此为重点，紫南村在这一片区建设了村委会办公楼、家庭综合服务中心、小学和幼儿园、紫南赋文化广场、文体活动中心、紫南商贸城等建筑。

在村级中心区破局之后，紫南村实施村庄提升改造工程。在充分考虑现有条件和广泛征求群众意见后，村“两委”决定在村头村民小组和充美村民小组先行试点，摸索经验。

村头村民小组是佛山“百村升级”计划中首批特色古村落之一。为了保护村内传统古建筑、传承岭南文化，由紫南村委会、四个村民小组及辖区内企业家共同出资1400万元，对村头村民小组进行了首期改造升级：新建了一条宽10米、全长1.1公里的环村大道；填埋了旧河涌，挖建了一条环村新涌；新建了六个休闲公园；新建绿化面积15,000平方米；建设了一个现代化停车场；对村内的一些祠堂、古民居等历史建筑重新修葺。村民们对改造升级自己家园的环境的热情也被充分激发，纷纷自发捐款支持，仅村头村民小组进村处的一块功德碑上就镌刻着238户家庭捐款者的姓名，他们共计捐款358.6万元。

经过十多年的建设，紫南村有了宽阔的柏油马路、2万米的生态绿道、2万米的景观河岸，有60多座横跨水网河涌的大小桥梁，有1200多盏景观路灯，有带电梯的人行天桥、人行隧道、400多个车位的四层停车楼、2600多个生态停车位，还有16辆电瓶车免费搭载村民，公交车也开进了村子；还有紫南幼儿园、佛山市第九小学西校区、二甲医院、一座8000多平方米的文体艺术中心、一个按国际足联标准建设的足球场、一座带空调的室内篮球馆。15个自然村，村村都有标准的篮球场，村村都有休闲公园……城市的公共服务，农村的自然生态，在紫南交融在一起。

看着紫南翻天覆地的变化，霍顺娟既幸福又自豪："现在我以居住在紫南村为荣，我的亲戚朋友也称赞我当初的选择有眼光。"

45.标本兼治，如何在全省率先推进雨污分流？

有人说，撼山易，治水难。农村地区污染源对水环境影响较大，推动乡村生态振兴，让乡村成为生态宜居的美丽家园，就必须精准发力，推动农村水污染治理。

河网密布的珠三角农村，由于工业化和城市化起步较早，解决水污染治理问题显得更加迫切。

曾经，河水污浊，发黑发臭，也是紫南村村民心头之痛。面对辖区内大大小小18条河涌，紫南村怎样实现标本兼治，还村民一个美丽水乡？

> 2010年以来，紫南村开始启动村级污水管网建设，村民产生的生活污水通过管网排入污水处理厂进行处理，村内河涌和河塘已不再收纳生活污水，一举实现管网雨污分流和村内无明渠，紫南成为佛山市第一个污水管网基本实现全覆盖和生活污水集中处理的村庄。

如今，漫步在紫南村，河涌波光粼粼，站在护栏上，远望可赏垂柳映衬博德桥，近看有黛瓦红栏的亭台与拱形小桥。清澈的水面下鱼翔浅底，倒映出岸边三五游人钓客的身影，一派岭南水乡好风光。可在十多年前，这样让人向往的场景根本难以想象。忆及当年，村民毛玉珍感慨万千。

村"两委"班子向全体村民承诺，一定会加强对环境的整治，为在紫南工作、生活的百姓提供一个舒适安全的居住环境。

紫南村的治水首先是依法对污染者果断处理。早年村集体发包鱼塘时，合同同意承包方在塘基上搭棚养猪，但对养猪的数量没有作出限制，导致一些承包者养猪超出了承载量。

2009年的一天，有村民投诉称河涌淤塞，臭气熏天。紫南村“两委”及时组成专责组到现场进行调查取证，排查污染源。弄清基本情况后，村干部联合南庄镇农业、环保、水利、综治、行政执法等多部门组成联合工作组，在查清事实的基础上，对造成污染的六家塘主和养猪户进行环保教育，并按照“谁污染，谁治理”和“先属地后属主”的原则，提出了处理意见。经协商，最终六户当事人共同拿出资金，用两台挖掘机对被淤塞的河段进行了清理，共清理填埋猪粪和其他杂物1000余立方米，其中最多的一户出资6000多元。

通过依法处理和以案说法式的教育，此类事件再未发生。

2011年，鱼塘承包合同到期后，村“两委”决定宁肯少些收入，也不准鱼塘承包户搭棚养猪污染环境，并将其明确写入合同当中。2014年9月5日，村民代表会议通过《紫南村环境卫生管理规定》，在全村范围禁养禽畜，防止禽畜粪便对河水造成污染。规定出台后，村民自觉执行，消除了禽畜粪便排入河涌污染水质的一大隐患。

源清则流清，源浊则流浊。河涌整治要打击污染行为“治标”，还要从清洁源头着手“治本”。因此，在治水过程中，紫南村坚持从源头抓起，科学治水，舍得资金投入。自2010年以来，紫南村投入1800万元对15个自然村长达60多公里的村级污水管网进行改造建设，推进全村雨污分流，村民产生的生活污水全部通过管网排入污水处理厂进行处理，村内河涌和河塘已不再收纳生活污水。

近年来，紫南村又大力开展环境综合整治，通过对紫南涌等多条河流和河塘进行截污治污、清淤疏浚、河岸生态改造等综合整治，完成了全村河涌两岸复绿工程，一举实现管网雨污分流和村内无明渠，成为佛山市第一个污水管网基本实现全覆盖和生活污水集中处理的村庄。

此外，紫南村还建立了涌长负责制，将所有河涌纳入责任管护范畴，明确涌长管护责任，立碑公示，接受村民监督。

紫南村内河道河塘水体清澈、波光粼粼

46.处处有公园，怎样做好植绿护绿？

美丽乡村是农村人们生活的聚居地，对乡村进行绿化和美化，是新时期建设新农村的重要内容，是农村生态文明建设的主体，也是乡村生态振兴的先手棋，是实施乡村振兴战略的重要内容，对提高农村生活质量、改善村民居住条件和品质具有重要意义。

乡村绿化工作作为一项长期工程。当前主要面临着农民绿化意识薄弱，植物保护不到位和村里资金投入不足、后期管护缺乏，以及无专职管护队等问题。

处处有公园的紫南村，如何在不断扩大绿地面积的同时，抓好树木植被的管理和养护？

> 紫南村要村村（自然村）有公园、处处有美景，要以投入造绿，用制度护绿，靠群众保绿。

继获得“全国文明村镇”“中国最美村镇”等荣誉，入选“中国十佳小康村”以及“广东省十大美丽乡村”后，2020年9月，紫南村又荣获“广东省绿色教育基地”称号。

这一荣誉的获得主要得益于一直以来紫南村对植绿护绿的重视。十多年来，紫南村在不断扩大绿地面积上舍得投入、舍得土地。通过新建休闲公园、绿化村庄、绿化道路、绿化河岸等途径扩大绿地面积和增加树木数量。科学安排林分结构，注重树种的多样性和观赏性，做到乔灌结合、树草并举；在植树种草的过程中坚持高标准，确保管护措施到位，确保成活率达95%以上。

据统计，十多年来，紫南村共新建、扩建了18座文化休闲公园，实现道路的绿化，人均绿地面积增加到60余平方米，是广东城市人均绿地面积的近4倍。

在不断加大绿化建设的同时，紫南村还建立了严格的树木和绿地保护制度。针对村中的古树，村委会专门聘请园林专家对全村的古树树龄进行了核测，为其中百年以上的古树办理了“身份证”，实行了挂牌保护，牌子上写明树木名称、树龄、保护责任人等内容，对其中“老弱病残”者采取了围栏、砌栏培土、打衬支撑、补充营养等针对性的抢救。

紫南村对果树进行投包式管理。组织工作人员清点村内4000多棵果树，并进行网格化管理，给每棵果树定一个号码牌，进行果树投标。果树投标成功后，投标者有采摘权，并负责日常的打理维护。

此外，紫南村还建立了严格的毁绿处罚制度，2014年6月13日，由村民代表会议通过的《紫南村公共环境整治提升方案》规定：损坏绿化草皮的按120元/平方米收取修复费；撞断绿化树木，树径10厘米及以下的按2000元/棵，树径10厘米以上的按5000元/棵收取修复费。

47.如何配合政府做好交通设施建设土地征收工作?

配合做好农村征地拆迁是农村干部的工作之一。

在城市重要交通工程建设过程中，紫南村也面临着集体土地征收的问题。2009年，广东省政府为兴建广明高速（二期）共征用紫南村农用地56.35亩，建设用地14.78亩；2013年，禅城区政府因禅港西路建设需要，征用紫南土地199.53亩。两次政府兴建道路在紫南村征地，都取得了顺利进展，其间未出现任何上访、钉子户等难题。为什么紫南村的征地工作进行得如此顺利？如何看待土地征收与村民长远利益的关系，村委会又如何配合政府推进征地工作?

对紫南土地上的一草一木，相信很多村民都会有不舍之情。但我们回顾紫南多年来的发展，就会发现，没有舍就没有得。

30年前的紫南，因为没有主干路网制约了村集体经济的发展。近年来，随着辖区路网的完善，紫南的区域优势凸显，土地价值不断提升。我们应当抓住这样的契机，积极开展“三旧改造”，盘活周围的土地，带动土地进一步升值，促进紫南的经济社会全面发展。

要让征地工作顺利开展，首先要让村民理解政府征地的用途和意义。2009年10月10日，紫南村召开了党员大会、村民代表会议和村民小组长会议，讨论和表决通过广明高速（二期）征用紫南集团有限公司土地的决议。在决议讨论和表决之前，潘柱升书记亲自做动员解释。

“对紫南土地上的一草一木，相信很多村民都会有不舍之情。但我们回顾紫南多年来的发展，就会发现，没有舍就没有得。”紫南村发展的第一次腾飞，是在1976年紫洞公路的通车，从此，一个闭塞的小村庄向外打开了一扇沟通的窗，村民去城区购物、办事方便了很多。第二次腾飞发生在2005年季华西路的开通，紫南村的土地年租金从以前的每亩四五千元，一度升至4万元。

而广明高速公路，则是紫南第三次腾飞的机遇。广明高速建成后，紫南村的区位优势更明显，极大促进了第三产业的发展。“因此，在舍与得之间我们要懂得抉择，同时，要充分利用时下南庄镇基础设施改造的机会大力整合村中的资源，发展集体经济。”潘柱升说。

2013年，禅城区启动禅港西路工程建设，途经紫南村，需要征用199.53亩的土地，其中，南段约占88亩，北段约占111亩。潘柱升表示，禅港西路对紫南村乃至整个南庄镇意义重大，将全力配合政府土地征收工作，助力工程快速推进。

为此，潘柱升再次向党员、村民代表讲述了“路通财通”“借路腾飞”的道理：

“30年前，交通制约了紫南的经济发展。近年来，随着辖区路网的完善，紫南的区域优势凸显，土地价值不断提升。我们应当紧抓禅港西路建设的契机，积极开展‘三旧改造’，盘活周围的土地，带动土地进一步升值，促进紫南的经济社会全面发展。”

2013年12月，紫南村召开党员大会、村民代表会议，针对即将动工开建的禅港西路在紫南村征地的决议进行讨论，经法定程序，与会代表表决通过征地决议及征地拆迁补偿方案，并同意由紫南村“两委”组织执行。在紫南村的支持下，禅港西路修建顺利开展，并于2017年8月正式通车。

村干部善于向村民讲解政府征地的意义，善于向村民分析解释征地的得失，是打消村民疑虑、统一思想认识的重要原因。

此外，紫南村“两委”班子秉持公心，不以权谋私，做到信息公开透明、利益分配公正公平、征地补偿款使用合理合规，更是让村民理解和支持政府征地的决定性因素。

两次政府征地期间，紫南村“两委”利用各种会议、报纸等宣传手段和途径，把征地补偿款、青苗补偿费、房屋拆迁补偿费以及拆迁户安置办法等事项向村民解释清楚。公平公正公开的处置手法化解了农村征地的坚冰，从而使村民有效地配合政府工作，确保村内稳定。

48.怎样借助政策东风，推进“美丽文明村居”建设?

为加快乡村发展，推动乡村振兴战略实施，近年来，从国家到省、市、区、镇各级大量的财政资金、社会资源向农村倾斜，逐步完善农业农村投入优先保障机制，为乡村振兴提供有力的政策扶持支撑。

然而，有的村干部习惯“等靠要”的思维，限制了农村的发展动力与活力。

推进村庄的建设、整治人居环境、发展集体经济等每一项乡村振兴的工作都需要大量的投入，仅靠农村自身力量难以支撑。紫南村如何主动积极作为，争取到政府支持，利用好政策资源，推动各项事业的发展?

> 我们农村基层干部，必须要抓住乡村振兴被提高到国家战略层面的机遇，主动作为，积极参与，放弃“等靠要”的懒惰思想，才能成为这个时代舞台上的参与者、实践者、推动者，而不是旁观者、局外人。党和政府为我们提供了一个奋进新时代的大舞台。紫南村主动作为，充分用好用活党和政府的好政策，一次又一次参与佛山市乡村振兴大舞台上的精彩演出，一次又一次把我们紫南村建设得越来越美丽。

这几年，紫南村利用各级政府在实施乡村振兴战略中的政策支持和奖励，推进一系列工作的开展。

“由于我们主动作为，建设成效显著，政府也愿意支持我们。”潘柱升介绍，这几年，紫南村有多个文旅融合项目进入“美丽文明村居建设”、佛山“百里芳华”乡村示范带等政府建设项目库。

紫南村充分利用政府奖补政策，加快推进文旅融合项目建设，建设紫南三馆、兴建游客服务中心、全面提升改造发展文旅产业的硬件环境等等。

借优惠政策和佛山“百里芳华”等项目建设的东风，紫南村大大加快了推进乡村振兴的脚步。2019年，紫南村成为佛山市首批乡村振兴示范村建设单位，获得1000万元的建设资金。

紫南村还借助禅城区财政奖补政策，在紫南小学西侧新建综合楼及连廊，进一步提升村中的教育环境。

2020年，紫南村获评佛山市第三季度农村人居环境整治先进村、禅城区“美丽共拼”农村人居环境整治三季度“红榜村”及年度“红榜村”第一名，全年共获得市区奖励资金490万元。

紫南村一村一公园，提供了村民们休憩、娱乐的好去处

第二节　推动村容村貌大提升

49.管好“天大的小事”，如何率先推进“厕所革命”？

小康不小康，厕所算一桩。厕所问题是“天大的小事”，它是基本的民生问题，也是重要的社会文明窗口。

农村“厕所革命”本质上是一种倒逼机制下的生活方式革命，是推进农村人居环境整治，实现乡村文化振兴、生态振兴的重要举措，也是推动农村全面进步、全面发展的有力抓手。然而，当前农村推进“厕所革命”仍然面临着村委会改造动力不足、资金有限、改建易管理难等问题。

早在十年前，紫南村就将厕所问题提上了环境提升改造和美丽村居建设的重要位置并积极开展厕所改造。那么紫南村是如何建好管好公厕的？

> 厕所问题关系到群众生活环境的改善，关系到村民素质的提升，同样关系到旅游环境的改善。紫南将以创建国家4A旅游景区为目标，打造经济效益、生态效益和社会效益相结合的多功能现代精品休闲农业示范景区，而27座智能公厕将成为紫南向外界彰显其美丽整洁的一张文明名片。

以往，紫南村绝大多数的公厕都建在河涌和鱼塘之上。为改善群众生活环境，2010年，紫南村提出了“水厕上岸”的口号，倡议各村民小组将原来建在鱼塘、河涌上面的公厕进行拆除重建，并以资金补助的奖励办法，大大提高了各村民小组的积极性，很快就有18个公厕全面改造完工。

2012年至2014年，紫南村根据《城市公共厕所设计标准》和《禅城区名镇名村示范村公厕升级改造工作指导意见》，分两批先后对已建成的公厕来了第二次智能化改造的“革命”，先后投入了过百万元分期分批对15个自然村的中心公园、公交车站的公厕进行红外线感应冲水厕所升级改造。改造后，厕所用水节约了三分之一。到2014年6月，紫南村已全面完成了现有公厕的升级改造，并通过上级相关部门的验收。根据争创国家4A旅游景区的要求，2015年以来，紫南村进一步完善18座公厕的内部装潢，建好多个干净明亮的旅游厕所，提升环境品质，并新建智能化旅游厕所3个。

目前全村共有27个智能公共厕所，即平均每平方公里就有5个公厕，在各个村民小组、各处公共场所均有分布。全村卫生厕所和管理均符合相关要求，标识明显，采风充足，有电灯，通风良好，无异味，厕内地面硬化、清洁，蓄粪池密闭无渗漏，粪便及时清除并进行无害化处理。

为加强对公共厕所的日常管理与维护，紫南村市政管理处制定了《紫南村厕所卫生服务标准》《紫南村厕所管理监督员及保洁员岗位职责》等条例，并对每个厕所进行编号，落实专人，实行专职，实行管理与报酬挂钩，管理不达标者要扣减工资，教育不改者要及时辞退，从制度上确保厕所全天候的干净卫生。

时任紫南村党委委员陆添辉说，厕所内的纸盒是否缺纸、洗手台的洗手液是否有缺、厕所门和挂衣钩是否牢固、感应冲水器是否能正常运作、水电供应是否正常等问题都有专人定期检查和维护。

紫南村内分布合理的智能化公厕

每座公厕墙上贴有“监督投诉电话”，群众均可通过电话反映问题或提出建议，保证紫南村内的公共厕所数量充足、干净无味、实用免费、管理有效。

紫南的“厕所革命”还在进行中。在2020年的广东省“乡村振兴大擂台”活动中，紫南村在人居环境整治提升方面获得一致好评，但紫南村也没有自我满足，而是主动对标学习全省其他优秀乡村，并根据政府推进农村“厕所革命”的要求，新建和提升改造一类公厕四座、二类公厕七座，让村里的环境更加干净整洁，村民出行、游客游览更加舒适方便。

50.“三清三拆三整治”为何先从村干部开刀?

当前，广东正全力推进农村人居环境整治和美丽宜居乡村建设，开展“三清三拆三整治”。所谓“三清”，即清理村巷道及生产工具、乱堆乱放的建筑材料，清理房前屋后和村巷道杂草杂物、积存垃圾，清理沟渠池塘溪河淤泥、漂浮物和障碍物；“三拆”即拆除旧房危房、废弃猪牛栏及露天厕所，拆除乱搭乱建、违章建筑，拆除非法违规广告、招牌等；“三整治”主要是整治垃圾乱扔乱放、整治污水乱排乱倒、整治“三线”（电力、电视、通信线）乱搭乱接。

建设美丽乡村，“三清三拆三整治”是基础工作。当前“三清三拆三整治”面临的主要难点在于：村民参与度不高，村干部认识不深，对违章搭建的拆除力度不够。

紫南村早在2010年就开展人居环境整治提升的工作，也一度面临推进不顺等问题。紫南村是怎样啃下这块“硬骨头”的?

> 要顺利推进“三清三拆三整治”，作为村干部，最重要的就是要不怕得罪人，要敢于担当。现在有些村干部只打自己的“小九九”，怕得罪人丢选票，不愿担当；胆小怕事、遇事避难，不敢担当；安于现状、混日子过，不肯担当。不愿担当就不该当干部，不敢担当就不配当干部，不会担当就不能当干部。

紫南村在刚开始开展环境整治时工作推进得并不顺利，潘柱升感觉十分纳闷，并专门找村民了解实际情况。

“人家都自觉清理建筑垃圾，怎么你们还不清理好，是不是有什么实际困难？”

“潘书记，不要只针对我们，我们知道某些村干部也没有主动清理门前的建筑垃圾，村干部有特权免除清理，难道我们平民百姓就不行吗？”

“谁？我一定一视同仁，秉公处理！”

村民说出了村干部的名字，潘柱升当即回应，一定会处理好这件事。

其身不正，虽令不从。潘柱升意识到，少数村干部带坏了头，村民就会跟风有样学样。这些涉及村民利益的事情，如果不拿村干部“开刀”，怎么要求群众配合呢？

回到村委会后，潘柱升立即打电话给该村干部：“你作为村干部，怎么不主动清理自己房子附近的建筑垃圾？”

“好的，潘书记，您放心，我近期一定清理。”村干部诚恳地回应。

“村委会限你三天内完成，不然会让人去帮你清理。”潘柱升斩钉截铁地说。

尽管该村干部满口答应，但是三天过去了，那名村干部门前的建筑垃圾依然毫无动静。一天早上，潘柱升找到该村干部商量村中事务，悄悄地派人去把该村干部家的建筑垃圾清理干净，并要求清理费用由该村干部支付。

该村干部接到家里的电话后马上赶回家中，了解实际情况后又气冲冲地跑回村委会与潘柱升理论。

“你是村干部，连自己家人都管不好，村民如何服我们？”潘柱升说。

该村干部自知理亏：“我错了，一定改正。”

其他村民看到村委会把刀刃向内，对整治村容村貌动真格了，自发将门前的建筑垃圾清理干净了。

这是紫南村加大力度、下大决心推进人居环境整治的其中一个故事。从2010年开始，紫南村对各村民小组进行环境卫生整治，2012年12月出台《紫南村环境卫生管理规定》，并于2014年9月对《紫南村环境卫生管理规定》作出修订。2021年1月，紫南村再次将该项制度修订为《紫南村人居环境整治管理暂行规定》。此外，紫南村为进一步巩固整治成果，相继出台了《紫南村公共环境整治提升管理方案》《紫南村交通环境及车辆停放管理暂行规定》《紫南村辖区内河涌管理办法》等多项人居环境整治方面的村规民约，规范企业、村民的行为，不断提高他们的环境卫生意识，共同营造美丽紫南。

2020年第二季度，禅城区乡村美丽季之“美丽共拼”农村人居环境整治评选活动启动，紫南村通过明检、暗检、镇（街道）评价、区主管部门综合评价以及城市综合考评等五个环节，连续三个季度以总分第一的成绩获评为人居环境整治季度“红榜村”，并获得2020年度“红榜村”第一名。

51.全市首个村级市政处，如何实现垃圾日产日清?

在农村，村民居住分散，大部分农村地区没有专门的垃圾收集、运输、填埋及处理系统。农村生活垃圾被随意丢弃在田间村头、道路两旁等地。一些地区的农村“垃圾靠风刮，污水靠蒸发”的乱象，甚至严重影响村民生活质量。

当前农村垃圾处理有以下难题：一是农村垃圾量大、种类多、面广、运输处理成本高；二是农村垃圾分类难见实效，处理难度高；三是部分农村缺乏垃圾处理设施，市政管理投入不足。

紫南村也一度面临着“垃圾围村”的挑战，在成立了佛山第一家村级市政管理处后，紫南怎样实现垃圾清理的“逆袭”？

农村干净整活的环境需要常态化的维护。现在我们村有1座垃圾中转压缩站、24个垃圾收集点、200多个垃圾桶，村级市政处自行配置了扫地车、洒水车、垃圾压缩装卸车。2020年新添置了1台综合环保车。这些城市“标配”，我们都有了，而且垃圾日产日清。

多年里，时任紫南村党委委员、市政管理处主任的陆添辉已经习惯了每天清晨六点半绕村“巡逻”。

“以前，村中哪有这么整洁，垃圾随处乱扔，都没有集中清洁处理。”作为紫南村市政管理大变样的亲历者、见证者和身体力行者，陆添辉颇感自豪。

2011年，紫南村成立了佛山市第一家村级市政管理处，负责全村的环境卫生管理和日常保洁工作，现有环卫工60余人，各个村民小组配有保洁员30多人。

近年来，紫南村不断完善垃圾处理基础设施，2018年至2020年先后升级改造

紫南村垃圾中转压缩站

了四个垃圾收集点；2019年至2020年，先后购置了两台垃圾压缩装卸车用于垃圾清运；2019年由政府出资建设垃圾中转压缩站并于2020年初投入使用；2015年至2020年购置了多套分类垃圾桶并放置于人行道、广场、公园等人员较为密集的地方，供村民、游客使用。

有了硬件设施的支撑，紫南村还加强清扫、保洁、垃圾收集和清运管理，建立了分管村干部环境卫生巡查制度，每个工作日的上午8时前，分管村干部都要对全村环境卫生情况巡查一次，发现问题及时安排市政处人员处理。通过制度建设，严格要求道路保洁人员做到路面干净无垃圾，河涌清洁人员做到河面无杂物漂浮，绿化人员做到绿化带无杂草、无垃圾，垃圾装卸车司机做到“垃圾日产日清”。

目前，紫南村各厂企、租户、住户的生活垃圾由紫南村保洁员收集并投放至垃圾收集点，再由紫南村垃圾清运组将垃圾收集点的垃圾清运到垃圾压缩中转站，最后由政府市政部门用专车运送到生活垃圾卫生填埋场进行无害化处理，实现了生活垃圾百分之百无害化处理的要求。

在紫南，“不养懒人闲人，不搞分光吃光”的观念深入人心，生活富足的村民甘愿当环卫工呵护家园的清洁美丽。紫南村的村级保洁队伍，不仅吸收了低端劳动力进行就业，更树立了一种“不吃闲饭，不当懒汉；不靠分红，劳动光荣”

的文明乡风。

针对近期紫南辖区内出现的偷倒淤泥、建筑垃圾等现象，紫南村市政管理处还定期开展治理偷倒淤泥、建筑垃圾等违规行为的专项行动。“我们会进行严密布控，安排卫生巡查员加强巡查力度，对偷倒淤泥、建筑垃圾、工业垃圾的行为零容忍。”陆添辉表示，一旦发现违规者，决不姑息，严厉打击，严格根据《紫南村环境卫生管理规定》《紫南村公共环境整治提升管理方案》的相关规定进行处理。

有队伍、有经费、有阵地、有保障，多措并举之下，紫南村如今看不到垃圾、烟头，处处美丽怡人，时时干净整洁。

村庄内随处可见的分类垃圾桶

52.如何成为佛山乡村电网升级示范点?

随着工业化和城市化的发展，再加上农村出租屋的盛行，珠三角的很多城中村，在用电上仍存在诸如用电安全隐患多、频繁停电、电压低等情况。其中，乡村电网普遍存在网线残旧、布局杂乱、电线圈绕和交叉的情况，一方面满足不了现时用电需求，跳闸的情况时有发生，另一方面也影响村容村貌。

即使是管理规范的紫南村，五年前仍然存在电线乱搭现象，电线交织成的“蜘蛛网”随处可见。紫南村是如何治理这一难题，又是如何成为佛山乡村电网升级示范点的？

> 紫南村要求房前屋后的电线不能露出来，全部埋在地下，还率先全面推进“三线落地”。村委会愿意为村网升级改造工程扫除障碍，及时做好供电所与村民间的沟通工作，确保村民能够享受到稳定、安全的电力供应。

走进紫南村，看不到其他城郊村那样随意乱挂的电线，而更多的是整齐码在外墙、分清相序、标注型号的低压电线。在供电线路下方30厘米处，是一扎扎网络、电视等通信线的弱电电线，不同电压等级的线路有序排列。

现在，紫南村的电缆线基本都埋在地下，虽然建设成本比架空线更高，但村容村貌因此变得更美观。

就算是高温夏日的用电高峰期，紫南村村民也可以一边吹着空调，一边看着电视，享受闲适的村居生活，不用担心用电安全和跳闸。

然而，2015年前的紫南村，仍然存在电线乱搭现象，电线交织成的“蜘蛛网”随处可见。一方面满足不了用电需求，用电高峰期经常出现电压过低重复跳闸的情况，另一方面也影响村容村貌。而村电网的改造向来是个“老大难”问题，村居的改造也存在诸多难题，使改造推进不断受阻。

2015年佛山市政府提出了城中村和旧居民社区改造升级实施方案，到了2016年初，紫南村也主动向禅城供电局提出村内电网升级的需求，把握住这个难得的契机，搭上了政府政策的“顺风车”。

紫南充美村民小组最先着手启动了村网升级。现在该村民小组，架空线干净整齐地布局，安全隐患不复存在，不仅如此，电力网架结构也更加坚实，有效减少了充美村民小组在夏季用电高峰出现的跳闸情况，让村民享受到优质的电力服务。

这一切，都得益于紫南村委会和供电单位双方的积极沟通配合，让村网升级项目顺利推进。

“供电所非常支持我们村居的美化工作，免费为我们提供村网升级服务，村民们都鼓掌欢迎。”时任紫南村党委委员的陆添辉表示，村委会愿意为村网升级改造工程清扫障碍，及时做好供电所与村民间的沟通工作。在村网升级改造期间，村委会就像是供电所与村民之间的沟通桥梁，双方想法都能有效传达。在多方配合下，充美村民小组村网升级改造推进顺利，成效显著。

近年来，紫南村又联合供电部门对电力基础设施进行新一轮改造。越来越多的智能化设备、先进的电力技术、美观的配电房在紫南村得到应用。

在沙边村民小组，一座崭新的建筑物颇为引人注目。远看像传统岭南风格小民居，与周围的岭南建筑融为一体，走近一瞧才发现旁边还建有玻璃房和一个小型的汽车充电站。

这是按照南方电网标准设计与典型造价标准3.0版建造的智能配电房，集国内外领先的智能配网技术和便民服务等功能于一体，让紫南村村民享受到高质量的供电服务。

2019年以来，紫南村在村头村民小组打造佛山首个连片的民宿群洛神云筑。为此，村委会又斥资300多万元，启动对该村的电力线网的提升改造，全力推动文旅产业发展，助力4A景区建设。

53.全省21个地级以上市PK乡村振兴，紫南村凭啥进五强?

2020年，由中共广东省委农村工作办公室、广东省农业农村厅、广东广播电视台共同主办的全国首档乡村振兴主题综艺节目《乡村振兴大擂台》在广东省引起了广泛关注。

该节目挖掘全省农村人居环境整治和乡村治理工作中的亮点和提升空间，呈现南粤大地山清水秀、天蓝地绿、村美人和的美丽画卷，并以此倒逼工作进程，补齐“三农”工作短板，加快推进乡村振兴。

作为佛山市的代表之一，紫南村如何凭借过硬的综合实力，从参与活动的全省21个地级以上市42条乡村中脱颖而出，名列全省五强?

> 通过参加此次活动，开了眼界，也学习到全省其他优秀村的先进经验。我们要专门研究，总结分析得失。牢记嘱托，砥砺前行，再接再厉，努力争创全国乡村振兴的示范村。

《乡村振兴大擂台》以综艺节目的方式，主要聚焦全省21个地级以上市42条乡村的产业发展、农房管控风貌提升、污水治理、“厕所革命”、垃圾治理等方面，通过12期节目展现乡村实力，各村同台竞技强强对抗，晒“家底”，比发展，赛“最美”，见招拆招，赛程激烈。节目全方位展示了广东乡村振兴成果，促进了广东人居环境整治，推动了广东省美丽乡村建设。

代表佛山参加本次活动的是禅城区南庄镇紫南村和三水区白坭镇富景社区，其中紫南村更是被寄予厚望。

作为一座珠三角发达地区的城郊村，紫南村在推进工业化的进程中，率先实现了土地变资源，资源变股本，农民变股民。2020年，全村各类企业实现生产总值38亿元，村集体资产达65,220万元，集体收入超1亿元，村民人均分红超1万元。通过招商引资，吸引了包括3家上市公司、23家规上企业在内的61家企业落户紫南。

在农房管控风貌提升方面，紫南村的表现最为突出。紫南村是全省率先建章立制进行农房管控的村庄。通过制度的设计和坚定不移执行制度，实现管住了农房的高度、大小、用途，邻里关系更和睦。没有了出租屋也让村中的治安变得更好。这也是紫南村在《乡村振兴大擂台》投票中得分最高的项目，紫南村凭此成功进入全省五强。

“打铁还需自身硬，乡村振兴是靠做出来的，不是单靠说出来的。”潘柱升坦言，尽管自身实力不俗，但利用参与《乡村振兴大擂台》的契机，紫南村还是围绕乡村振兴的五大主题，放下身段、自我检视、对标先进，进一步补短板促提升。

如，自启动人居环境整治提升工作以来，紫南村干部和村民群众铆足干劲，集中力量开展整治工作，出动机器设备拆除违章建筑，清除房前屋后建筑材料、生活垃圾、花盆等杂物，村庄整体环境得到有效提升。

在产业发展方面，依托这13年来工业发展的优势，紫南村也积极推动产业结构转型升级，大力发展文旅产业，打造“村庄上的4A景区”。“利用工业的优势，发展工业旅游，让工业插上文旅产业的翅膀，实现工业与文旅产业齐飞。”潘柱升说。

通过参与此次活动，紫南村也进一步形成合力，发动全民参与，推动乡村振兴事业迈向新高潮。为了提升全体村民对乡村振兴事业的重视，紫南村“两委”专门召集了党员、村民代表及辖区企业解释说明参与该活动的内容和意义，活动期间也发动社会各界关心支持紫南村乡村振兴事业的发展。

紫南村之所以能经过层层突围，在全省角逐中脱颖而出，关键在于其过硬的综合实力。“一个收入超亿元的产业强村，一个率先推进乡村振兴战略并取得显著成效的生态宜居村。它还是以‘仁善文化’知名的全国文明村、全国乡村治理示范村、中国十佳小康村，佛山市紫南村，乡村振兴的‘多栖’明星村，珠三角农村改革的样本。”本次活动颁奖典礼对紫南村如是评价。

“牢记嘱托，砥砺前行。”作为紫南村的领头雁，潘柱升带头上阵，全程参与，感触良多。他坦言，紫南村之所以能脱颖而出，既有赖于一直以来推进乡村振兴的厚积薄发，也得益于不断对标先进，补齐短板，自我完善。今后将在此基础上再接再厉，努力争创全国乡村振兴的示范地。

◎ 点评

党的十九届五中全会首先在中央全会文件中提出“乡村建设行动”，这一理念是对新农村建设、美丽乡村建设和乡村人居环境整治等一系列乡村建设的总结，意味着一种更高标准的乡村建设，最终的目标是“城乡等值”，乡村不能是落后的代名词，而应是与城市一样生态宜居的家园。

这一理念其实在紫南村十多年的发展道路上体现得非常充分，以前的紫南村是脏乱差、“有女莫嫁紫南”，因此，在村级集体资金并不宽裕的前提下，紫南村每年都拿出固定比例的资金用于村庄基础设施建设和人居环境建设，从雨污分流到植绿护绿，从“厕所革命”到环境整治，从垃圾处理到电网改造，一步步建成美丽紫南村，进而成为广东乡村振兴的领头羊。

如果从现在回看紫南村乡村建设的过程，很难相信曾经脏乱差的紫南村能够实现成为“高富帅”的逆袭。这一华丽的转变离不开十多年来紫南村对乡村建设的持续投入和经营管理，乡村建设并不是一蹴而就的，也不是大投入就能够立竿见影的，而是需要长期累积性的投入、细致性的管理和维护等。在这些方面，紫南村确实做得很到位，以城市的理念来建设美丽乡村，为此专门设立村级市政处，按照城市市政的标准来经营与管理乡村人居环境。此外，紫南村还通过投包等方式让村民参与到公共环境的管理之中，做到人人参与、人人尽责，实现美好环境共同缔造。

紫南村的成功也得益于政策环境的改变。城乡之间在基础设施等方面的差距不是一年两年，而是城乡二元结构累积性的结果。近年来，广东省在统筹城乡协调发展和推进城乡深度融合等方面做了很多工作。除了紫南村村集体本身的投入，南庄镇、禅城区、佛山市乃至整个广东省其实都在整合各类资金，支持美丽乡村建设，大大地改善了广东乡村的发展面貌，也缩小了城乡发展差距。

当然，与浙江等地的农村相比，广东农村仍然有一些差距，但是浙江的美丽乡村也经历了十多年的建设才有如今的成效，亦如紫南村一样，十多年的建设才有如今的新紫南。乡村建设不是一朝一夕，而是需要拿出绣花的功夫，一针一线地织就美丽乡村。

——华中师范大学中国农村研究院助理研究员任路

第六章

不以分红论英雄，
共建共享发展成果

第一节 强化保障，提升获得感

54.不养懒人闲人，如何让村民告别分红依赖？

20世纪90年代土地股份合作制改革以来，珠三角农村获得了长足的发展，不少“富裕村”的股份分红，动辄上万元甚至达数万元。然而，集体经济的快速发展和巨额的分红，如同一柄双刃剑，考验着农村，也考验着其中的村民。

对地租经济的过度依赖，让农村产生了外界所称的“食利阶层”，其对生产性经营活动的激情大为减弱。而在利益驱使下，分红甚至成为影响基层治理的重要因素。

随着集体经济做大做强，后发的紫南村也一度面临着将发展的成果分光吃光让村民高高兴兴的诱惑。紫南村是怎样破除“懒汉思想”，让村民告别分红依赖的？

> 紫南村不把分红作为衡量发展的唯一标准，紫南村不搞分光吃光，不把分红用来养懒人闲人，而是用来投入养老、教育、医疗，用来建立民生保障体系。紫南村的分红在禅城区只是中等水平，但村民的获得感和幸福感是真真切切的。

随着一批企业进驻和紫南商贸城等专业市场运作的日渐成熟，紫南村出租土地和物业的租金快速增长，村集体经济进入了发展快车道，为增加村民分红打下物质基础。紫南村集体收入从2007年的1100万元，发展到2017年突破了1.1亿元，增长11倍，村民人均分红也由每人每年882元提升到1.08万元，增长近12倍，实现了潘柱升就职时的承诺。

眼看着村里的发展一年比一年好，经济总量逐渐走在南庄各村前列，令村民不解的是，村民个人年分红只排在全区的中等水平。有一段时间，村民与潘柱升的交流话题都离不开分红

不仅村民，村“两委”内部，也有干部提出“按经济总量平均分下去，村民

高兴，村委会也得到好名声”。

潘柱升对此有另一番考量。

上任后经过一年多的调研和观察，他发现要获得长足的发展，要让村民过上长期稳定幸福的好日子，紫南还有很多基础性的工作要做。之前的社会事业“欠账”比较多，比如道路延伸、拓宽并硬底化，村庄面貌改观、环境美化提升，河涌治理等，这些都需要“还债”。

要办好这些事需要大量投资，需要长远的目光和“功成不必在我”的胸怀。要将这些事业落到实处，在积极向上争取项目和资金的同时，必须改变“以分红论英雄”的政绩观，在保持村民分红适度增长的前提下，利用集体经济发展的优势，集中资金办大事，并形成持之以恒的制度。

他首先将自己的想法与村“两委”干部沟通，统一了干部的思想并形成集体意见后，村干部又分头去做村民小组长和一些在村中有影响力的老党员的工作，同时通过多种形式和途径进行宣传，争取更多人的理解和支持。

在一次大型的座谈会上，潘柱升说：“我们这届班子面临着两条路：一条路是给村民多分红，赚多少分多少，让家家户户年年高兴；另一条路是着眼长远，在保证分红稳步增长，赶上全镇偏上水平的基础上，适当增加一些集体提留，集中资金办一些打基础和关系村民长远利益的大事，造福后代。经过反复思考和共同商量，我们决定作后一种选择。大家希望多分红没错，但为了我们自己的长久幸福，为了子孙后代，我们要有优美的环境，子女要接受良好的教育；要想村民不为看病发愁，必须在现有条件下进一步提高医保水平；要让老有所养、老来无忧，必须扩大养老保险的覆盖面。这些事都不能等，更不能留给后来人去做。”

经过广泛的宣传和耐心的工作，村“两委”的想法得到了绝大多数村民的拥护和支持，并在村民代表会议上获得通过。

经过几年努力，村中的福利水平随着经济的增长逐步提升。全村55岁以上老人的养老金由2007年的每月80元增加到如今的1050元，村民到定点医院看病，只须交4元挂号费或600元住院费，所有费用均可在“二次医保”中报销。紫南村的孩子不论考上哪所大中专院校，都有4000元到15,000元不等的奖学金，紫南村村民可以搭乘免费电瓶车，招手即停……紫南村真正实现了“老有所养，病有所医，学有所教，弱有所助”的高质量全面小康社会的理想。

按照“村里赚了钱优先惠及老人、后人，不养懒人闲人”的原则，紫南村也鼓励年富力强的村民通过双手来开创更美好的生活。众多企业进驻村里带来了大量的环卫、保安、园林等低端就业岗位和管理岗位，紫南村积极引导剩余劳动力有效安置。因此，在紫南，村民通过分红，获得了基本的生活保障，村民通过就业，树立了勤劳致富的观念。

这几年村里经济发展起来了，但村民的分红不算高，紫南村村民毛玉珍最初对此也不理解。“但书记反复跟我们沟通说，分红就像烧烟花，如果都分完了就没了，要为子孙后代做长远的打算。现在分红虽然少了，但钱都用于环境和福利的提升，看病、出行都有保障。而且不依靠高分红，让年轻一代能够勤劳打拼，努力工作。”

十几年来，紫南从村集体收入中腾出3.8亿元投入基础设施、公共服务配套建设。这是什么概念？相当于每个股民少了7万多元的分红。但如果把这些钱全分给股民，就不可能有今天的紫南村。

55.老有所养，怎样建立养老保障体系？

农村养老保障是农村社会保障体系的重要内容。如何探索出一套与现阶段农村地区经济发展水平相适应的养老保障体系，充分发挥农村家庭和集体力量破解农村养老这一时代困局，是很多农村在追求稳定和可持续发展过程中遇到的必答题。

紫南村在分红处于全区中等水平的时候，就毅然决定拿出一部分集体收入用于发放养老金，并建立起有效的养老保障体系。

> 如今改革开放好政策，我们农民变股民，老人作为股东也能分享一定的发展红利，但还不够。我们还要拿出一部分集体收入，让我们的老人每月能领取1050元的养老金。

紫南村现有6800多名户籍村民，从2012起，紫南村提出，对该村55岁以上的村民，无论男女，都按月发放1050元/人的养老金。按照这个标准，紫南村有1200多人可以领取养老金。

同时，紫南村每年出资500多万元，为全体村民购买新型农村社会养老保险和全征地养老保险，实现全民社保。

如今，紫南村55岁以上的长者，过上了老有所养、病有所医、老有所依、老有所乐的美好生活。他们不仅每个月能收到1050元的养老金，每人每年也有1万多元的年终分红，平均算下来，每人每月至少可以拿到2000多元，保障了生活的经济来源。

2020年的重阳节，紫南村委会还为全村1783名55岁以上的老人每人送上了一份价值60元的购物卡。

在养老金和养老保险双管齐下的情况下，紫南村进一步照顾到公平，特别关注孤寡和特困老人群体。潘柱升在全额捐出工资收入成立“书记基金”的同时，牵头成立紫南村慈善分会，动员热心村民、企业主积极捐款，对特困老人、孤寡老人进行多种形式帮扶，保障了特殊老年群体的生活质量。

56.怎样实现村民“小病不出村，大病有村帮”？

当今社会，看病成本高的问题越来越凸显，在医疗条件相对薄弱的农村，看病难依然是一些农村家庭面临的重要问题，有些家庭甚至出现因病返贫、因病申请低保的情况。

紫南村是怎样实现村民“小病不出村，大病有村帮”的呢?

> 我请医院帮我算了一笔账，看村民一年在这里要花上多少钱，以村民一年看病花费的金额为基准，由村里进行购买服务，这样村民看病就方便多了。

紫南村村集体每年支出100多万元专门用于解决村民看病难、看病贵的问题。许多媒体都报道过，紫南村村民只须缴交4元的挂号费或600元的住院费，医保范围的药费、床位费等费用全免，实现村民“小病不出村，大病有村帮”的目标。

那么，这个目标具体是怎样实现的呢？

为了减轻村民就医负担，提高村民健康保障水平，从2010年开始，紫南村率先与镇级医院合作推行门诊“二次医保”，对已参加禅城区居民门诊基本医保的紫南户籍村民给予二次报销减免医疗费用的优惠。该制度的运作模式是由村委会为已参加禅城区居民门诊基本医保的村民出资，每人每年80元，与南庄医院建立合作医疗关系。村民持有效身份证或户口簿到紫南社区卫生服务站或南庄医院看门诊时，在门诊医保进行第一次报销后的剩余费用由医院实行二次报销，村民不用掏一分钱。在二次门诊报销的基础上，紫南村与南庄医院扩大合作范围，村民有病到南庄医院住院也能享受二次报销减免医疗费用。享受该制度的村民每人每年须缴交180元，其中二次门诊保险费每人每年80元，二次住院保险费每人每年100元。凡属紫南村股东则由村委会缴纳，非股东参保费由个人支付。因此，住院治疗的村民只须向医院交纳400元（现为600元）住院费即可。

为强化高品质医疗配套，2016年，紫南村又引入了二甲医院佛山市绿康医院（现更名为佛山岭南心血管医院）。紫南村委会与绿康医院建立合作医疗关系，村民可享受在佛山市绿康医院住院及门诊二次报销医疗费用的待遇，实现了紫南村村民“小病不出村，大病有村帮”的目标。

紫南村每年还定期组织村民参加体检，并为村民建立个人健康档案和家庭健康档案，充分掌握本村患有慢性病的村民的资料，基本建立起以禅城区疾控中心为技术主导、禅城区人民医院为依托、社区卫生服务站为平台的三级慢性病防控网络机制。

57.如何让农村孩子在家门口上省级优质名校？

无论在城市还是农村，人们对优质教育的需求都是同样的。然而，受交通、环境和管理机制等方面的限制，农村的教育资源水平普遍低于城市。一些村办学校因教育教学水平不高难以满足村民需要而逐渐流失生源，而这也严重影响了农村招商引资和招才引智的水平。

与之相比，紫南村的教育配套却十分亮眼，他们是怎么做到的呢？

> 城乡融合，不仅仅是建设规划、硬件设施、公共文化资源与城市融合，关键要提升我们下一代的就业竞争能力。因此我们把发展基础教育作为“人才振兴”的重要路径。

走进位于紫南村的佛山市第九小学西校区，带中央空调的室内篮球场、现代化的饭堂、一人一床的午休室，还有小礼堂、塑胶跑道等硬件设施，让人难以相信这曾经只是一所镇级小学。

2012年之前的九小西校区还不叫这个名字，当时还是紫南小学。为了让村里的孩子们在家门口就能享受到优质的教育，从2012年开始，紫南村先后投入4200万元，对原紫南小学进行升级改造。改造后的紫南小学占地面积33,333平方米，建筑面积15,640平方米，涵盖教学区、办公区、运动区、生活区四大部分。学校绿化覆盖率高，环境优美，各种教育教学所需的场室充足，设施设备完善。

2019年6月，紫南小学举行棋艺比赛

2013年，紫南村委会主动寻求与佛山市第九小学的合作，希望将紫南小学纳入佛山名校第九小学，实行统一教学管理，使村内小孩不出村就能享受到市级的优质教育。

现在，九小西校区占地面积50亩，生均43平方米；建筑面积15,467平方米，生均20平方米，绿化覆盖率高，环境优美；拥有200米的环形运动场一个，拥有100米的直跑道，有室内、室外篮球场共三个，羽毛球场共四个，运动场所充足，运动设施完善。学校29人有小学高级教师职称，拥有1名省级骨干教师、2名区级名师、5名区级骨干教师。

“办教育、医疗和行孝一样，都不能等。”虽然潘柱升自己的学历不高，但他不遗余力办优质教育的决心却很大：除了九小西校区，紫南村还投资近2000万元，按省级标准建设了一座新的幼儿园——紫南幼儿园。

2019年8月，紫南幼儿园举行亲子活动

与九小西校区相比，紫南幼儿园的建设更加曲折。在潘柱升刚到紫南村一年后的2008年，当时的村幼儿园因大范围墙体开裂被鉴定为危房暂停办学。村委会反复研究，于2009年决定将占地4500平方米的旧紫南市场改建成村幼儿园，此后几年多次投入，几经改造，才有了现在的省级标准幼儿园。紫南幼儿园先后被评为“广东省规范化幼儿园”“佛山市优质普惠性幼儿园”“广东省食品卫生安全示范学校食堂”“佛山市卫生先进单位”等。

除了基础教育，紫南村还提前收回一些土地和物业，引进了玉明绘画学校和华英紫南实验学校。2020年，在佛山市政府的推动下，广州美术学院佛山校区也落户紫南。“这样在紫南，就形成了涵盖学前教育、义务教育、高等教育等不同阶段的优质教育园区，产生了旅游＋教育新业态。一个村子拥有一个优质教育园区，必然会直接和间接推动紫南的人才振兴，必将惠及紫南子孙后代，必将有利于人口素质整体提升，真正实现城乡融合一体化。”潘柱升自豪地说。

2020年8月，入学新生在紫南小学大礼堂参加的开笔礼仪式

2020年12月16日，紫南小学举行体艺节

58.如何成就“不怕没车没楼，就怕没紫南户口”的佳话?

随着我国城镇化的推进，农村大量的人口转移到城镇工作和生活。有一些农村人口逐步减少，甚至出现了“空心化”。

十多年前的紫南村，也曾面临“空心化”危机，因为村集体经济发展缓慢，环境差、治安差，村容村貌、基础设施、福利待遇等硬件和软件环境都与城市形成巨大反差，许多村民搬走。

潘柱升上任后，带领全村人民将紫南村从上访村成功转型为明星村，如今，八成曾经迁出的村民又回来了！

> “好学校在家门口，孩子上学不用愁”“小病不出村，大病有村帮”“不交停车费，不怕没车位”“不交物管费，不怕垃圾堆”“不怕你没车没楼，就怕你没紫南户口”，这就是紫南人的幸福观。

村民罗长兴对现在在村里的生活感到很满足。

“环境改善了，最关键的是村里在管理上不逊于城市里的小区。”罗长兴骄傲地说，之前村里的环境脏乱差，治安管理混乱，自己不得已搬离去市中心买商品房居住。看到家乡环境的大蜕变，几年前，罗长兴一家果断卖掉市中心的商品房，回紫南的老屋居住。

不仅如此，一些从紫南出去读完大学的年轻人，也乐意回家乡就业。在广州读大学的廖丽鸿刚刚毕业时面试了几份工作，经过一番权衡之后，决定回紫南就业。“环境变这么靓，空气环境好，生活很富足。”

在紫南村的医保定点医院，会时不时碰到紫南村的老人求医。一次，一名村干部因生病打点滴碰到了紫南村的几位老人。老人们对这名村干部说：“我们之所以能好好活到现在，真是要感谢共产党，感谢村党委，感谢村委会。以前没有医保，我们生病了，怕花钱，不敢来看病，因此小病拖成大病，大病拖成重病。现在好了，一有病我们就往医院跑，看门诊只要4元钱，就可以把病治好，不会一拖再拖，没有共产党的好政策，我们真的活不到现在！”《紫南口述史》写作组在采访28位老人时，几乎所有的老人都会感叹，全靠村里给他们提供的养老保障和医疗保障，才让他们活得有尊严，才让他们真正拥有一个幸福的晚年。

“虽然我们的分红在禅城区不是最多的，但是我们的幸福感肯定是最高的。”村民罗婶对现在的生活很满意。

“如今，幸福的紫南人脸上总是挂着笑容。现在我们走在路上都会微笑打招呼，有什么困难都会互相帮助关照，小孩子见到长辈都会主动行礼问好，紫南淳朴和谐的乡风，让我们更爱自己的家乡。”在村民陆永添眼中，“幼有所托、老有所养”的民生保障制度，比起分红更重要。

“好学校在家门口，孩子上学不用愁”“小病不出村，大病有村帮”“不交停车费，不怕没车位”“不交物管费，不怕垃圾堆”“不怕你没车没楼，就怕你没紫南户口”……现在，紫南幸福美好的生活，常为村民所津津乐道。

第二节 兼济天下，携手奔小康

59.怎么做到“我们没有外地人，大家都是一家人”？

在产业发达的农村，外来人口众多，甚至超过本地村民人数。农村的经济发展离不开这些外来人口；与此同时，非户籍人口又因无法享受到村里的福利而造成较大的流动性，以及由此引发的安全隐患和种种矛盾，都成为农村可持续发展的掣肘。妥善管理好农村非户籍人口，让非户籍常住人口参与农村的共建共治共享，是当前农村基层社会治理面临的一项重要课题。

紫南村有7200多名外来人员，从在佛山市率先选举非户籍党委委员，到村里各项文化娱乐活动全部向非户籍人口开放，再到在全国率先将农村“二次医保”向非户籍人口覆盖的“破冰”，紫南村做到了“我们没有外地人，大家都是一家人”。

> 我们6800多本地居民，再加上7200多外来人口，形成了紫南，才能有今天的繁荣安康。把外来人口当成宝贝，关心外来人口，才能有新的发展。紫南没有外地人，大家都是一家人。既要共建发展，也要共享成果。

2016年，正处在转型腾飞期的紫南村，大刀阔斧地清退了全村所有的出租屋。而原本租房的外来务工人员，都可以以17元/平方米的价格，在村集体修建的紫南员工村租到整洁、敞亮的出租房。老家在河北的杨心禅感叹：“当初刚来到佛山务工时租住了几个地方，治安和环境都不理想，但是来到紫南员工村，一住就是八年，从未听说有过治安问题。”

如何处理好本地村民与外来工的关系是一门学问。紫南村专门投入了4000多万元兴建了一期、二期员工村，共有1300个房间，安排外来人员集中居住，并对入住人员实行智能化管理，通过刷卡出入，充分为外来务工人员提供了一个整洁、舒适、安全的居住环境。

为了让非户籍人口更好地参与紫南村的共建共治共享，2017年，紫南村在佛山市率先选举产生首个非户籍党委委员，并成立了非户籍人员党支部，把辖区内非户籍党员全部纳入村党委管理，每次党员大会、村民代表会议都邀请部分企业家代表、党员以及非户籍企业职工列席，鼓励其主动积极发声，为村内各项事业发展建言献策。

为进一步让外地人融入紫南村大家庭，紫南做了很多尝试，例如与辖区企业“两新”党组织成立联合党委，组织辖区企业员工和紫南村村民一起开展文体活动，把电影院等公共文化设施向辖区企业员工免费开放，在辖区企业员工中评选“优秀‘新紫南人’”，在疫情防控期间村委会和企业相互支持抗疫物资，等等。

2019年12月，紫南村在全国再次探路，将“二次医保”惠及非户籍人口。在紫南村辖区企业上班或在紫南村居住，且参加了佛山禅城区基本医疗保险的“新紫南人”，均可享受“二次医保”。每年保费270元，紫南村内企业单位职工由所在企业单位、参保个人、村委会三方共同支付，商户、租户则由个人自付。“二次医保”不与社会保险和商业保险相冲突，保费低，无免赔额，手续简单，保障力度大。据估算，“二次医保”惠及的“新紫南人”可能达到四五千人，村里每年因此增支约40万元。

在紫南村一家企业任保安超过十年的一名员工说，自己对“二次医保”的政策感到非常高兴。“我以往看感冒都要花100元左右。现在一年只要交90元就能实现药费全免，实惠很多。”

对企业来说，“二次医保”是一种当地特有的员工福利，能够增强企业员工的归属感。“精神安慰比物质安慰更重要，这项举措更大的意义是体现外来人口作为紫南村发展的参与者的价值。”当地企业强辉陶瓷有关负责人说。

如今，借助这一系列的尝试，在紫南村，村委会和企业之间的良好关系、户籍村民和外来务工人员的友好关系，正在转化成一种积极的乡村社会治理效能。

60.“书记基金”如何扶贫助弱?

20世纪90年代以来，我国逐步建立起以农村最低生活保障制度、新型农村合作医疗制度、农村医疗救助制度、农村五保供养制度、自然灾害生活救助制度等为主要内容的农村社会保障体系，初步保障了农村群众的基本生活。

但相比起城市，农村所获得的社会资源分配有限，抗社会风险能力较弱。如何弥补现有社会保障体系的不足，提升农村在扶危济困方面的能力，一直是社会各界关注的课题。

回村任职以来，潘柱升承诺不拿村委会一分钱工资，将其应得工作报酬全部捐出设立“书记基金”，全部用于公益慈善事业。这笔“书记基金”又是如何发挥作用的？

> 乐善好施、扶危济困，是紫南村一直以来的乡风传统。这些钱对我来说，算不了什么。但对于困难家庭来说，是一笔救济金。我们希望尽紫南村的绵薄之力，帮助有需要的人解决燃眉之急。

2020年7月，云南姑娘魏月董不远千里，归还两年半前欠缴佛山岭南医院的5万余元医疗费的消息引起全国对诚信品质的热议。

然而，还款之后，这位诚信女子又陷入新的困境——要完成颅骨修复手术还需要起码8万元，这对辛辛苦苦才赚到5万多块钱的魏月董而言，无疑是一笔巨款。

面对辖区内发生这一大善事，紫南村马上行动起来，召开“两委”班子会议，作出决议：通过紫南村“书记基金”和紫南慈善会解决魏月董手术费的问题。几天后，紫南村将9.5万元的支票送到了魏月董手中。

“真的非常感谢紫南村，这是做梦都不敢想的好事。”谈起紫南村施以援手的善举，魏月董哽咽着连声道谢。

同样感恩的还有紫南一名长期瘫痪在床的村民。他因病瘫痪，生活不能自理，没有经济收入来源，全靠低保金和亲属接济生活。2010年至2019年，这名村民持续领到紫南村提供的慈善救助，其中2015年还领取了4万元的医疗补助款。

扶贫助弱，救急救穷，播撒这些希望的正是由潘柱升设立的“书记基金”——这是潘柱升13年来捐出的工资，截至目前已经捐出了150多万元。

当选书记后，潘柱升承诺不拿一分钱工资，被村民称为“义工村官”，他将其应得工作报酬全部捐出设立“书记基金”，用于奖教奖学和扶危济困，累计资助困难群众200多人次，并多次向紫南村以外的贫困地区伸出援手。

2016年4月，紫南村“两委”的一次捐赠活动上，企业家、村干部、党员积极参与，纷纷慷慨解囊，此次活动募得善款近400万元。辖区内的广东强辉陶瓷有限公司捐款80万元，潘柱升个人捐出20万元，分别位列企业和个人捐赠首善。

帮助村里五户家庭修缮房屋，为一户单亲特困家庭提供每月1000元的生活补助，筹集2万元支援村民突发疾病的父亲……对于村内的困难户，紫南村也充分发挥集体经济的优势，尽力帮扶，让他们共享紫南改革发展的成果。

61.先富带后富，紫南村如何结对帮扶凉山谷莫村？

2020年是脱贫攻坚的决胜之年。

2017年6月，佛山10个村（社区）与凉山10个村集中签订结对帮扶协议，紫南村与凉山谷莫村就是其中一对，对口帮扶时间为三年。令人称奇的是，仅在帮扶的第二年，谷莫村就获得“2018中国最美村镇”的精准扶贫典范奖。这背后有着怎样的故事？

> 虽然紫南村和谷莫村相隔万里，但是结了对子，就是亲人、是兄弟，我们有义务让他们过上好日子。紫南村将不辜负佛山市委、市政府的重托，虽然脱贫攻坚遇到的困难很多，但我们有决心、有信心，打赢这场硬仗。

时至今日很多人仍然记得那个神奇的相遇，“2018中国最美村镇”颁奖典礼在杭州举办。在颁奖典礼上，有一个获奖单位值得留意，那就是凉山谷莫村。获得精准扶贫典范奖的谷莫村，正是南庄镇紫南村2017年结下的对口帮扶对象。2017年，紫南村曾经登上颁奖礼的舞台，2018年这个舞台又迎来了紫南村的帮扶对象谷莫村。

谷莫村位于四川省凉山州昭觉县，面积8.2平方公里，平均海拔约2100米，生活着151户601名彝族群众，2017年的贫困发生率22.96%。未实施精准扶贫之前，由于自然地理条件制约和长期的发展不足，这里贫困程度深，思想贫困、精神贫困、物质贫困相互交织，是全国脱贫攻坚的重中之重、坚中之坚，系典型的大小凉山集中连片特困地区，国家“三区三州”深度贫困地区。

2017年6月，紫南村与谷莫村签订结对帮扶协议，帮扶时间为三年。

甫一结对，潘柱升就代表紫南村送上五大“红包”，分别为：帮助解决谷莫村产量最大的土豆的销售问题，紫南每年包销10万斤土豆；帮助解决谷莫村的剩余劳动力，凡愿意来紫南务工的谷莫年轻人，紫南全部接纳安置；开展两地村“两委”干部交流；让谷莫村60周岁及以上的老人享受与紫南村老人同等的福利待遇，每名老人每年派发960元的老人金；将谷莫村的学生纳入紫南村奖学政策，对谷莫村考上高中、大学的学生予以2000元至100,000元不等的奖励，以帮助谷莫村人提高文化素质。

时任谷莫村党支部第一书记的罗雅宏认为，紫南村的帮扶对谷莫村启发很大。“在潘柱升书记带领下的紫南村党委坚强有力，无私奉献，全心全意为人民服务，在党建共建过程中，紫南村干部的敬业奉献精神，对谷莫村干部的影响很大，促进了作风的大转变。同时，紫南村有担当，用心用情帮扶，竭尽全力帮扶谷莫脱贫攻坚。而且，紫南村注重民生，发展红利让全民共享。”

在紫南村的榜样带动下，谷莫村利用紫南村辖区企业家的捐款，修建了一栋党建文化楼，强化了基层党组织的堡垒作用和战斗力，村里也设立了奖学金，鼓励村民不断求学进步。谷莫村连续两年人均纯收入增收30%以上，人均收入8300元，实现了追赶跨越发展。其“以奖代补”“以购代捐”“以评促改”、设置“脱贫责任清单”等工作在大凉山彝区得到推广。

对此，罗雅宏代表谷莫村委会向紫南村表示衷心感谢。“2017年7月紫南结对帮扶我村以来，用心用力用情帮扶，在党建、产业发展、民生和移风易俗等方面给予了我们情同兄弟般的帮扶，特别是潘柱升书记以谷莫村的脱贫攻坚为己任，在百忙之中，出任我村党支部名誉书记，切实推进了谷莫村的脱贫攻坚步伐。”

目前，谷莫村已高标准通过建档立卡贫困村退出验收。在大家的大力帮扶下，现在的谷莫村，发展有思路，攻坚有实招，群众有激情，正在努力建设大小凉山集中连片特困地区乡村振兴的典范。

2018年5月，紫南村辖区的12名企业家走进大凉山谷莫村

◎ 点评

对于村庄来说，在发展和壮大集体经济的过程中，实际上也蕴含了如何兼顾效率与公平，实现实质性进展的共同富裕的问题。事实上很多村庄并没有妥善解决这一问题，在追求效率的过程中出现贫富分化，在追求公平的过程中，让大家都平等地贫穷，却没有能够带来整体的富裕。

如何来处理这一问题关系到整个村庄的发展，如何让村庄在发展起来的同时，发展成果为更多村民所享有，紫南村也许提供了一个有益的探索：村庄的发展成果不养懒人闲人，让村民告别对于集体经济分红的依赖，发展成果并不是直接转化为分红，直接分配给村民，而是用于村庄的社会保障，做到老有所养、病有所医、幼有所教、解决村民的后顾之忧，提升村民自我的发展能力。

老有所养。千百年来，孝道文化融入到中国人的血脉中，从以往的家庭养老，到如今的集体养老、社会养老，除了孝道文化，紫南村更加注重社会支持体系的建立，真正实现“老有所养、老有所乐”。

病有所医。这一直是基层公共服务的建设目标，国家采取了一系列措施来完善基层医疗体系和建立城乡基本医疗保险等，但是这些仍不足以解决看病难、看病贵等问题，紫南村从村庄实际能力出发，健全医疗保障体系、改善医疗基础设施等，缩小了城乡医疗差距，实现了“小病不出村，大病有村帮”的目标。

幼有所教。城乡差距更多地体现在教育、医疗等公共服务之上，紫南村不遗余力地改善基础教育条件和提升办学质量，实际上是非常具有远见的，为村庄未来的发展和转型奠定了基础。

富裕起来的紫南村不忘带动后富。与深度贫困地区的贫困村结对帮扶，为东西扶贫协作提供了一个生动的案例，紫南尽其所能帮助凉山谷莫村扶贫造血，不单单是给予资金和物资的支持，更是通过治村理念和发展思路的帮助，让贫困村和紫南村村民一样获得自我发展能力。

——华中师范大学中国农村研究院助理研究员任路

第七章

打造“仁善紫南”，文明乡风代代传

第一节　大兴文化建设再创优势

62.小村庄为何提出“文化立村、文化兴村、文化强村”？

乡村文化建设作为实施乡村振兴战略的重要组成部分，在维系乡村社会良性运转、促进乡村社会和谐以及提高乡村人口生活品质中发挥着极其重要的作用。

但在一些村庄，传统乡村文化受到了强烈冲击，出现了生活交往法则改变、传统美德遗失、不良习俗泛化以及文化治理失效等危机。与此同时，在物质建设获得大发展的同时，农村精神文明建设却没有相应跟上，文化产品和服务还不能完全满足农民群众日益增长的精神文化需求。

仓禀实而知荣辱，衣食足而知礼节。经济发展起来以后，紫南村很早就意识到精神文明建设的重要性。那么紫南村又是如何通过一系列的文化建设去引导提升村民的素养，塑造文明的乡风，从而成为全国文明村的？

> “文化立村、文化兴村、文化强村”，紫南在践行“今天做文化，明天成文物”。“仁善紫南”以文化借势、造势、再创优势！要通过文化建设，改变村民原来的一些陋习恶习，把点点滴滴的好习惯、好行为培养起来，成为常态，让村民提高素质，让文明乡风吹遍家家户户，这是紫南要开展文化建设的原因。

有一天，潘柱升在经过村口时，听到几个村民在闲聊。

“现在的生活比以前好多了，闲时忙些什么？”

“麻将。玩这个过瘾，不过昨晚手气不好又输了。”

“别打麻将了，伤神伤身又伤财。”

“平常没什么娱乐打发时间，不玩麻将还能干什么？”

听罢这番对话，潘柱升有些吃惊：打麻将在村里是比较普遍的现象，如果把打麻将仅仅当作娱乐，无伤大雅，但如果沉溺于此甚至赌博，问题就大了。他意识到，在经济发展的同时，精神文明也必须跟上。

潘柱升曾说过一段这样的话：“紫南过去的十年，像一个气球，我们十年来不断地打气进去，这个气球不断地膨胀，我们村民的精神文明等于这个气球的质量，如果我们再打气进去，村民的文明素质跟不上，这个气球越来越薄，总有一天会爆炸。”

紫南用了十年的时间来“富口袋”，还要再用十年来“富脑袋”。

为此，2016年，紫南村提出了“文化立村、文化兴村、文化强村”的发展理念，打造“仁善紫南”的文化品牌，并制定相关工作方案，以此推动下一轮的发展。

要通过文化建设，改变村民原来的一些陋习恶习，把点点滴滴的好习惯、好行为培养起来，成为常态，让村民提高素质，让文明乡风吹遍家家户户，这是紫南要开展文化建设的原因。

近年来，紫南村在文化建设上大手笔投入，斥资2000多万元建设了8000平方米的紫南文体艺术中心，包括广府家训馆、佛山好人馆、紫南村史馆以及文体协会活动室等场所，投资500多万元建成可容纳6000多名观众的紫南赋文化广场。全村建有14个标准化篮球场、1个带中央空调的室内篮球馆、1个按照国际足联标准建设的专业足球场。村村都有文体活动小广场，建成7个老人活动室（中心）。

硬件建好以后还有软件。2016年以来，紫南在全村成立了足球、篮球、舞蹈、羽毛球、游泳等12个文体协会，组成紫南文体艺术联合会。每个协会都有办公室，紫南村每月专门为每个协会安排2000元作为活动经费，真正让他们开展活动有资金、有平台、有队伍、有保障。

此外，紫南还坚持开展经常性的文体活动，基本做到了“天天有活动、月月有比赛、年年有固定项目”。经过多年实践，元旦迎新年长跑、“三八”节文体活动、年度运动会、新学年儿童开笔礼、“9•28”系列美德人物事迹分享会等已经成为每年全村的固定项目，村民参与率高。

令村民代表陆盛彩印象深刻的是，村里每年还组织村民开展知识竞赛活动，把村规民约、党的十九大报告精神编写成学习材料，共1000多条知识问答，提前两个月发到村民手里，全村20个村民小组和十几家企事业单位，组成30多支队伍来参赛。“把知识竞赛办成一个不是少数人应付，而是大家都积极参与的学习党的十九大精神和村规民约的教育宣传活动，大家都很重视，踊跃参与，争取荣誉。”

以文化人，润物无声。经过多年来的努力，紫南村乡风得到极大的改善，村民素养明显提升，积极向上、勤劳致富已成共识；吸毒涉黑、打架斗殴等罪恶现象基本绝迹；讲卫生、讲规矩、讲法律、讲道德、讲诚信、讲文明已蔚然成风；邻里团结、扶贫助弱已成常态。大力推动精神文明建设为紫南未来继续蓬勃发展提供了思想保证。

紫南村积极开展各类文体活动

63.搞文化建设影响村民分红怎么办？

紫南村提出“文化立村、文化兴村、文化强村”的发展理念，加快文化建设以来，文化场馆设施日趋完善，文化活动越来越丰富，村民的精神文化生活也过得有滋有味，但这一系列成果都需要大量的村集体经济的投入，也必将以影响村民分红为代价。紫南村是如何让村民理解并自觉配合支持村委会持续投入文化事业的？

> 搞文化建设不是吹糠见米，而是个很漫长的过程，开展文化建设的目的，是通过文化全面提升人的素质和涵养，改变原来的恶习，让文明成为习惯，为子孙后代留下宝贵的文化遗产。紫南今天的幸福感并不是完全靠分红达到的。

“没想到一个小乡村有这么大的文化建设发展平台。”从高校来到紫南村从事文化工作的紫南村党建工作指导员卢新勤如是感叹。

在她眼中，潘柱升有眼光、有情怀，有胸怀。一个在珠三角算不上最富裕的小乡村，却很舍得投钱搞文化建设，还在村内成功打造了一个3A级景区，引进了不少文化艺术人才，并发展起来文旅产业，推动紫南村的乡村文化攀上新的高度。

从文化设施建设到文化活动组织再到景区的打造，都要大量的投入，这就需要以减少分红为代价。在紫南村开展文化建设活动时，一些村民一边在紫南赋文化广场观赏文化演出活动，一边却说：“真是浪费钱，要是把这些钱分给我们多好啊！”

这些年来，紫南村共投入3000多万元建设了一系列一流的文化体育设施，每年组织村民开展迎新年长跑、新年歌咏比赛晚会、“三八”节知识竞赛、村运动会、孔子诞千人朗诵会、“9•28”系列美德人物事迹分享晚会，招聘文化宣传队伍运营村级自媒体，拨出专项资金支持12支文体队伍开展活动，等等，都是一笔数目不小的开支，粗略估算，不算硬件投入，紫南每年的文化设施及活动开支在200万元以上。

开始确实有村民认为，紫南村搞文化建设影响了村民分红。为此，紫南村专门召开党员大会、村民代表会议，就关于紫南村是否继续推动发展文化建设、是否引进吴信坤工作室、是否引入4A景区投资经营公司等决议进行分组审议，最后对决议事项进行表决。

会上，潘柱升向村民解释，搞文化建设不是吹糠见米，而是个很漫长的过程，开展文化建设的目的，是通过文化全面提升人的素质和涵养，改变原来的恶习，让文明成为习惯，为子孙后代留下宝贵的文化遗产。

“经济和文化是相辅相成的，用村民的集体收入改造环境、打造文化氛围、开展文体活动，对紫南村的长远发展和子孙后代影响深远，我认为文化建设之路非常正确！”一名老党员说。

2019年，为改善产业布局，积极推进文旅产业项目落地，紫南村提前收回了一批租金低、效益差的土地和物业，为高质量发展让路。提前收回土地和物业，并对退租户进行经济补偿，导致2019年村集体合同收入减少和村民分红下降。

但通过村民代表会议，紫南村委会向村民开诚布公，展示发展规划，让村民明白上一年的减收是为了下一年以及未来的增收，今日的阵痛是为了明日的繁荣。事实证明，2019年的经济结构调整，为2020年的增收打下了良好基础。

文化建设提升乡风文明、村民生活质量，乡村治理德治力量发挥重要作用，进一步丰富了村民精神生活。村民不再是文化建设的旁观者，很多村民还成了文化建设的参与者，乡村文化建设阵地上，处处活跃着村民的身影，村民越来越理解和支持文化建设事业。尤其是通过文旅融合，乡村文化建设成果为乡村旅游赋予了新的内涵和生命力，直接或间接促进了经济的高质量增长，如今已经少有村民抱怨搞文化建设影响了分红。

2021年1月1日，紫南村举行元旦迎新年长跑

第二节 大手笔投入建优质载体

64.一份小小村报《紫南报》如何坚持办了13年?

在信息传播的过程中，存在一种由上而下呈衰减趋势的“漏斗效应”。这在中国城乡发展的差异中表现得尤为明显。广大的农村由于获取信息的渠道相对单一，再加上村民文化素养不高，对一些工作容易产生偏差和误解。

这种偏差和误解一旦积累到一定程度，就会形成村委会与村民之间不信任的局面。有时民情民意难以及时上传或得到反馈，又会进一步加深村民与村委会的隔阂。

作为乡村治理的典范，紫南村也遇到过这样的难题。新班子上任之初，村民对村委会的决策心存疑虑，村委会的发展新思路、新想法，难以得到有效贯彻实行，那么紫南村是如何凭借办好一张报纸来获取村民的认可，又是如何坚持办报13年，传播紫南声音的?

> 创办《紫南报》的原因，是村“两委”亟需一个桥梁消弭村民对村“两委”的怀疑，凝聚团结发展的力量，共同扭转彼时紫南村的落后局面。13年来，《紫南报》忠实地记录了紫南前进的足迹，基本做到了紫南的大事要事在《紫南报》上都可以找到记录。我们用《紫南报》讲好紫南故事，塑造紫南精神。

尽管如今通过手机上网获取信息已十分便捷，但村民罗燕云还是习惯每月捧着村委会派发到家中的《紫南报》仔细阅读，对外人谈起村中事情也如数家珍。“村里每个月发生了什么，我们都清楚。”

这样一份薄薄的四开的报纸月月更新，一直坚持办了13年，在禅城区100多个村居中并不多见，可以说是陪伴和见证了紫南村从落后村到现在明星村的蝶变。

但回想《紫南报》创刊的背景，潘柱升形容是“困难重重”。

彼时，潘柱升刚上任，一连串的走访调查后发现，村民始终对村委会保持着一种怀疑的态度，更谈不上支持村委会的建设工作了。而要破除村民与村委会之间的隔阂，关键在于加强沟通。“这需要有一些工具作为桥梁，一个畅通的渠道，一个交互的平台，那就是村报。”潘柱升说。

2008年初，潘柱升向紫南村“两委”提出了创办村报的想法，与村干部共同研讨商议，并最终得到了大家的认同与支持。2008年5月9日，《紫南之窗》出版了创刊号（后于2014年9月更名为《紫南报》）。

作为一个行政村的报刊，《紫南之窗》的初创期可谓“艰难”，稿源从何而来，由谁提供？谁来对报纸把关？结合实际，潘柱升认为这份报纸一定要办成及时向村“两委”传达老百姓心声与想法的报纸，要把它办成老百姓的报纸。

“我们6800多位村民，就是6800多名‘记者’。稿件不违背党和政府的方针政策，不违反公序良俗，他们写什么，我们就登什么。”潘柱升的想法是，让《紫南之窗》坚持有问必答，当期老百姓提出的疑问，一定要在下一期进行详细的回答。比如，接到几位村民关于股东资格、股权问题的咨询，下一期报纸就作解答。

《紫南之窗》一期四个版，分别为村政、经济、民生，以及教育、卫生、好人故事等等。由于没有经验和缺乏人手，当时紫南村专门邀请佛山本地媒体的编辑以及南庄镇干部对办报的人进行指导，一对一地学，手把手地教。

然而，初创阶段，《紫南之窗》还是面临了最大的困难——稿荒。“没人会写稿啊！每到要交稿的时刻，头都发麻。”十多年后，时任紫南村党委委员陆添辉已经记不清当时多少个夜晚因为发稿焦虑到失眠。

为此，紫南村将投稿作为村委会办公人员与村民小组长的年度考核内容之一，要求每个村委会办公人员每个季度至少投一次稿，村民小组长半年至少投一次稿。这是对村委会人员的硬性指标，同时也是对工作的绩效考核，年底作为考评标准。没完成投稿任务的，给予经济处罚，对超额完成投稿任务和稿件写得好的，则给予奖励。

陆添辉至今也还记得当时的投稿压力。“对于离校多年，写作生疏的我而言，要重新执笔写好一篇通讯稿是有难度的。尤其是在创刊初期，怎么选材成了大难题，总是拿不准方向。”最终陆添辉还是咬紧牙关，百锻千炼，完成一篇又一篇的通讯稿。

潘柱升还记得，2008年新的村“两委”班子上任五个月的时候，村民看到了一些变化，但是对于新班子思路和方向，村民们还是心中没数。当时《紫南之窗》刊登了一篇题为《让更多的人富裕起来是我最大的心愿——紫南村党支部书记、村委会主任潘柱升专访》，表明了立场态度，给村民们吃了一颗定心丸。

如今《紫南报》已完成了募捐救灾、招商引资、扩建商城、出租土地、修桥建路、股权改革、分红翻番、教育投资、换届选举、建章立制、环境整治、文明创建等一系列紫南村重大事件的报道，每一个历史关节点，每一项重大改革，每一项惠民措施，都没有落下。

时任紫南村党委委员卢新勤介绍，《紫南报》由每月发行一期改为半月发行一期，月发行量为3800份，发行对象既有本村村民、来紫南投资的企业，也包括“新紫南人”，家家户户无一落空。

经过13年的发展探索，如今《紫南报》已由过去的靠兼职队伍办报转变为由一支专业化的队伍专职办报，至今已刊发了122期。紫南村的乡村改革发展经验

2018年4月，《紫南报》创刊十周年纪念活动中，《紫南报》的读者们纷纷在合影区合影留念

引起全省乃至全国瞩目以来，《紫南报》也成了村民和“新紫南人”乃至社会各界了解紫南的窗口。

65.村庄里为何要打造一流的公共文化设施?

党的十九大报告明确提出，“坚定文化自信，推动社会主义文化繁荣发展”。乡村文化自信是中国文化自信的重要环节。近年来，越来越多的乡村将着眼点放在自身的文化建设，以文化引领自身在乡村振兴的道路上阔步前行。

加强乡村文化建设需要一批公共文化设施、载体作为支撑。文化设施是文化发展和传播的基础，有了文化设施就有了提供文化服务的场所，就使广大农民有了学习知识与休闲娱乐的地方。但在长期的城乡二元结构下，农村公共文化设施建设严重落后于城市。近几年，不少农村开始兴建自身的村史馆，挖掘历史文脉，传承文化记忆。不过，许多村并没有将历史文化与凝聚农村发展的新动能相捆绑，只是单纯地就传承文化而传承文化。

在基础设施、公共服务配套方面缩小了城乡差距之后，紫南村又看到了另一个“危机”，那就是实现了“物的现代化”“人的现代化”以后，在“精神上的现代化”还与城市存在巨大差距。为补齐精神文明层面的短板，实现“让城里有的我们都有”的愿景，紫南是如何着手公共文化建设的？又如何通过公共文化设施的建设让老百姓记住乡愁？

> 紫南这两三年在文化建设硬件上的投入很大，投资了2000多万元建了广府家训馆、佛山好人馆、紫南村史馆。在号召传承好家训、建设好家风的当下，这些绵延数千年、精深宏富的文化，依然有它积极的现实意义，其价值也必然将随着时代的发展熠熠生辉。

到紫南赋文化广场观看文艺演出、到紫南村文体艺术中心过把粤曲瘾、每周观看免费放映的院线大片，这些都已成为紫南村退休教师谭结好的生活日常。

谭结好并非个例。在紫南村，每个村民都能享受到丰富多样的公共文化服务。

2016年，紫南村提出了“文化立村、文化兴村、文化强村”理念，打造“仁善紫南”文化品牌，并制定相关工作方案。次年3月，紫南村就启动对一批文化活动场所的建设。

如坐落在繁华的紫南路上的紫南文体艺术中心，是紫南村在原风云羽毛球培训中心基础上，投入500多万元进行提升建设的，中心内设有羽毛球馆、棋类室、舞蹈室、书画创作室、曲艺室等培训场所，是集文化体育培训、艺术表演、影视观赏、协会活动等于一体的综合性文体活动场馆。

走进中心内，亮点纷呈：内设的18个标准羽毛球场，由于设施先进、停车方便，吸引了周边的羽毛球爱好者前来打球锻炼，每年还承办各类大型赛事；370多个座位的文化大礼堂，整厅配备52平方米的金属透声屏、高亮高端工程投影机等顶级设备，每逢周五、周六都会免费对映电影大片，村民和辖区内企业员工可凭工作证或身份证领票观看。

如今，由广府家训馆、佛山好人馆、紫南村史馆组成的“紫南三馆”，是许多来紫南观光的游客的首选“打卡点”。担任讲解员的陈柳萍一周至少要做三次向导，陈柳萍用“神圣”二字形容这份兼职工作。因为讲的次数多了，渐渐地，陈柳萍对“紫南三馆”所承载的文化内涵有了更深理解。

“在我们村修建潘氏、梁氏等两大姓氏大宗祠的过程中，紫南人发现村里的潘、梁、陆等八大姓氏各有渊源，也从中认识到了家训的价值，便有了落地一座家训馆的构想。”回忆起广府家训馆落地紫南村的渊源时，潘柱升说。

广府家训馆从构想变为现实是在2017年底，省、市有关部门认可并支持紫南村先行先试，于是，在中共广东省委宣传部、广东省文明办、佛山市文明办指导下，广府家训馆与佛山好人馆开始筹划落地紫南村。单是广府家训馆建筑面积就有近1000平方米，总投资达450万元。整个家训馆包含“经典长廊”“广府演绎”“视听互动”三大功能区，收藏展示中华传统家训、广府家训等150余条，为来访者带来精彩的家训文化视听盛宴。

以文化人，润物无声。在潘柱升看来，家训是对子孙后代立身处世、持家治业的一种教诲，家训文化同样具备育人的作用。“在传承好家训、建设好家风的当下，这些绵延数千年、精深宏富的家训文化，依然有它积极的现实意义，其价值也必然随着时代的发展熠熠生辉。”潘柱升说。

从室内走向户外，对村民而言，紫南赋文化广场更是该村不能不提的文化场所“打卡点”。

早在2013年，紫南就有意识地开展文化建设，投入200万元建成紫南文化广场，为村民提供文化活动场所。因其容量小难以满足大型活动需要，村里于2016年召开村民代表会议，决定投资480多万元对广场进行扩建，并将之更名为紫南赋文化广场，可容纳6000人。广场以社会主义核心价值观24字为背景，可举行各类大型舞台表演，设有激发紫南人积极向上、奋发有为的标语，镌刻了《紫南赋》石碑，与孔子雕像分列两侧，并摆放了写有《紫南人文明礼仪》和《紫南村村规民约》的碑石，庄重的设施、浓郁的氛围让紫南赋文化广场不仅成为紫南村村民和企业员工的露天文体活动的中心，也成为展现紫南人精神风采的重要窗口，更成为紫南吸引游客络绎不绝的一道亮丽风景。

此外，紫南村还建成了7个老年活动中心、14个标准篮球场；投资580万元建设了一个占地面积约10亩的专业足球场，各个村民小组都有文明楼（村民红白喜事摆酒的场所）和小型健身广场。

2007年以来紫南村经历了十年的经济快速增长，村民的钱包鼓了，温饱问题解决了，肚皮满足了，接着就要解决精神食粮贫乏的问题，也就是提高农村的文

广府家训馆

明程度，提高农民的文明素养。“仁善紫南”的文化品牌正借助这一系列的场馆设施，让文明的潺潺之水滋润这方沃土。

佛山好人馆

紫南村史馆

66.小乡村如何引进大师级文艺资源？

在推动乡村文化振兴的过程中，除了整合、挖掘和传承自身历史文化的积累，引入外部的文化资源也是提振乡村文化事业、文化产业的重要手段。然而，受行政级别和资源条件所限，中国大部分乡村难以支撑或吸引外界优质文化项目。村民保守的思维也让一些本愿意下乡的文化团队望而却步。

紫南村实现了这一突破。多个文化项目从2018年对接到2019年正式落地再到2020年对外开放、大放异彩，在不到三年时间里，这个小村庄如何引进大师级文艺资源，又如何让这些资源参与到乡村文化建设当中？

> 紫南村目前已初步搭建了一个发展文旅产业的大舞台，这样的舞台需要专业的“舞者”来跳舞，需要文化艺术大师来加盟，吴信坤工作室的引进，能为紫南4A级景区创建工作添砖加瓦，增加紫南村的景观亮点，提升紫南的文旅品质，带动村里的经济和社会效益。

2020年的国庆假期，刚对外试运营的紫南文化旅游区游人如织，平均每天都有2000多人次前来游玩，其中吴信坤艺术馆更是成为“网红打卡点”。人们惊喜地发现，在佛山一个小小的村庄，居然能欣赏到如此之多大师级的艺术作品，还有机会与艺术家面对面交流。

美籍华裔雕塑家吴信坤出生于广东佛山，师从著名雕塑大师潘鹤。其雕塑作品多次发表、获奖，并在全国、全省展览。1988年底受国际雕塑协会邀请赴美，吴信坤曾在美国堪萨斯州大学任客席教授。

吴信坤擅长历史伟人、现代名人以及纪念碑、纪念像创作，把中国古老的东方文化与西方现代文明有机融合，以现代雕塑语言演绎东方传统文化，作品运用独有的、国际最先进的热着色技术对青铜作品表面进行处理，作品更显绚丽多彩，让人耳目一新，叹为观止。

2018年6月，吴信坤团队首次到紫南村考察，就被这里的优美环境和独特乡风吸引，决定将艺术馆落户紫南村。

为了吸引大师级文化资源落户，紫南村委会经过一轮物色，最后选择了信德路紫南足球场对面的一块占地约830平方米的优质土地，15年免租提供给吴信坤团队用于建设艺术馆。而当时该地块已有租户承租，因此提前收回土地和物业，对退租户进行经济补偿。当时一些村民对此并不理解，认为付出的代价太大。

为此，紫南村专门召开党员大会、村民代表会议，就是否引进吴信坤工作室进行分组讨论并进行表决。会上，潘柱升语重心长地解释，紫南村目前已初步搭建好一个发展文旅产业的大舞台，这样的舞台需要专业的“舞者”来跳舞，需要文化艺术大师来加盟，吴信坤工作室的引进，能为紫南4A级景区创建工作添砖加瓦，增加紫南村的景观亮点，带动村里的经济和社会效益。

“紫南村创建4A级景区需要亮点、吸引点、引爆点，引进吴信坤工作室这样的大师级资源，对我们4A级景区创建工作有很大帮助，虽然不收租金，但有舍才有得。”讨论过后，党员、村民代表一致同意引进。

正是全村上下形成了对引进优质文化资源的共识，才有了今天小乡村里的大文化场所。2020年1月，吴信坤艺术馆正式对外开放。走进艺术馆，一个高大的红漆钢结构造型抽象雕塑作为大门尤其显眼。大门设计以岭南传统镬耳屋、飘檐、瓦脊、趟栊门等建筑元素为创作灵感，线条大气，造型简约、抽象，体现了东西方艺术融合的创新风格，阐释了传统与当代、继承和发展的艺术理念。

沿着小道往前走，在绿树草坪中，高低错落的水泥砖墩上，摆放着形态各异的当代国际艺术大家名作。除了吴信坤的作品，还有世界现代陶艺之父詹姆•尼里、堪萨斯大学艺术教授哈克梅斯特等一批重量级国际大师的原创陶塑作品。

绿树碧水环绕的艺术馆内，陈列了吴信坤近年所创作的青铜、石雕、陶塑作品近100件，作品题材多元，风格各异，中西结合，让人目不暇接。

“文化和艺术是一座乡村的灵魂和生生不息的动力，没有文化艺术支撑的乡村旅游是苍白、没有厚重感和生命力的。”紫南村党委书记潘柱升在吴信坤艺术馆开馆仪式上表示，吴信坤艺术馆吸引了一大批艺术文化人才云集，这是紫南村开村立基300多年以来的头一回，是紫南村发展史上的一次文化盛会。

“紫南村为我提供了一个很好的平台。”吴信坤说，之所选择把艺术馆落户到紫南村，是看好这里乡村建设取得的成效。在农村搞文化建设和艺术创作，有助于繁荣艺术。紫南村提供的舞台给他带来了动力，希望通过发挥艺术的作用，助力紫南村乡村文化建设。

事实证明，紫南村用土地承载起大师级资源，而大师级资源反过来融入乡村建设当中，形成良性循环。如今，吴信坤艺术馆已成为紫南吸引游客的重要景点。进驻紫南村以来，吴信坤团队还先后为贤德公园打造了11幅雕塑作品，为紫南村创作和制作了30多幅墙雕，为水上码头、旅游水道创作若干艺术雕塑，助力紫南乡村文化建设。如今，走在紫南村的贤德公园、信德路边，处处都能欣赏到用独特艺术形式展现中华传统“仁善文化”内涵的雕塑作品和浅浮雕壁画。

吴信坤艺术馆

展示在紫石码头上的，出自吴信坤大师之手的大型雕塑——《紫南船说》

第三节 树标立榜，培育文明乡风

67.如何消灭“打赤膊”等不文明现象？

随着经济社会的不断发展，农村的生活水平、居住环境与城市的差异逐渐缩小，但在一些生活习惯上依然存在着很大的差异。尤其是一些从传统的生产生活方式中遗留下来的生活习惯成为不文明现象，屡见不鲜。

“打赤膊光背”就是其中一个典型。这种在广大农村见惯不怪的现象，却成为紫南村树立文明乡风的“绊脚石”。消灭这些不文明行为，紫南村是怎么做到的？

> 紫南人的言行代表着紫南的整体形象，紫南人的形象展示着紫南的文明素质，我们需要通过做好每一个文明细节来彰显文化涵养和文明程度。《紫南文明行为守则》是根据紫南村实际情况制定的，代表着紫南村全面提升紫南人文明素养和文化自信、整治不文明行为的信心与决心。

在紫南村，每到夏天，大榕树下，很多老人就喜欢赤膊变身为“膀爷”。对他们来说，过去到田里干农活，会不停地出汗，光着膀子会方便一些。如今虽然不用耕作，但很多人还是保持着昔日的习惯。

然而，对于正在培育文明乡风的紫南村而言，打赤膊光背的行为还是不太文明。村委会想破除这一陋习，但要村民改变长久养成的习惯并非易事。

紫南村尝试过各种办法。“比如张贴海报，用大大的红叉打在一张光背的照片上，但没用；然后我们又试过组织一支队伍，等这群人坐在这里我们就围着他们转圈，喊口号，呼吁他们不要光背，效果也不好。”时任紫南村党委委员卢新勤摇了摇头。

后来，村委会专门找了村里的老人家做工作，苦口婆心地劝说：“村委会每个月准时有上千块的老人金发到你们手上，每年还有1万多元的分红。现在希望你们不要打光背，你们却连这点小事都做不到，对得起村委会吗？”

然而，面对这样的动员，大部分“膀爷”还是无动于衷。

外人说不动，最后村委会选择“旁敲侧击”，从这些老人外嫁出去的女儿着手。因为女儿外嫁出去了，他们比较牵挂，所以对女儿的话语也比较上心。

“爸，虽然我已经嫁得比较远了，但是紫南这边开展禁止打光背的行动，你的事都传到我们那边了。现在周边的人都对我议论纷纷了。”

“我的事都传到这么远了？有这么严重吗？到处都有人打光背的啦！”老人对此十分惊讶。

“因为紫南现在是全国文明村啦，很多人来参观。如果再这样下去，我们的分红都要扣了。”女儿慢慢地解释，并假意抱怨分红会因为老人打光背的行为而被扣减。

看到女儿的“软硬兼施”，又担心自己的利益受损，老人们也不敢再任性了。从此，村里面打赤膊光背的行为逐渐减少。

除了动之以情，晓之以理，紫南村还把“在公共场所禁止赤膊光背”写进了《紫南文明行为守则》，并于2019年7月6日经紫南村党员审议、村民代表会议表决通过，自2019年7月11日起施行。“一旦村规民约规定了，我们就要遵守。”潘柱升说。

《紫南文明行为守则》对村民的许多日常行为进行了文明规范，如着装、言谈举止、在公共场所的行为等。其中，第一条就强调：单位和个人应当热爱祖国，遵守国家法律法规、公序良俗和文明行为规范，诚实守信，积极参与社会公德、职业道德、家庭美德、个人品德建设，履行《紫南村村规民约》，自觉抵制不文明行为。

对于近年来社会关注的文明养犬问题，《紫南文明行为守则》明确规定，携犬出户时必须由成年人用束犬链牵领，且要主动避让他人。村民专门成立了文明纠察队，发现有违反守则的本地户籍个人，将按村规民约进行处理。

针对有些地方广场舞噪声扰民的问题，《紫南村文明行为守则》特别规定，在公共场所进行健身、歌舞等文体娱乐活动，应当符合环境噪声管理有关规定，合理使用场地及设施设备，防止影响他人正常学习、工作和生活。

“很多人来紫南参观，看的就是‘环境美、素质美’。”潘柱升说，提高农民的文化素养，提升农村的文明程度，不是一朝一夕之功，紫南村会以“功成不必在我”的胸怀，以“功成必然有我”的担当，持续不断，久久为功，抓好文明乡风建设。

禅城区玫瑰小学师生到紫南村为好人赠橘

禅城区玫瑰小学师生、家长在紫南村佛山好人馆合照留念

68.如何记住乡愁，留下好的家风村风？

挖掘当地历史文化资源对于提升地方形象、打造文化特色品牌有着重要意义。通过将历史文化挖掘出来、开发出来、保护起来，让古村落的发展焕发生机。

然而，受到乡村城镇化、新农村建设以及人口外流等多重因素影响，不少乡村的历史文化，因为年代久远、代际更替，在时代变迁中逐渐消亡。

乡村史志是留住历史，记住乡愁的重要手段，是一方水土之上的人和事的记载，是一方人的精神家园。中共中央、国务院印发的《乡村振兴战略规划（2018—2022年）》中明确提出“保护利用乡村传统文化，鼓励乡村史志编修”，这对于弘扬乡村传统文化和切实解决“三农”问题意义重大。鼓励修编乡村史志是新时代实施乡村振兴战略的现实需要，也是记载当代中国社会尤其是农村发展变革的重要途径。

过去13年间，紫南村变迁的轨迹辉煌而清晰，但13年前的记载却十分稀缺。那么紫南村如何把村中的历史留下来，又是怎样通过挖掘历史为当代文化建设注入深刻内涵的？

> 紫南村有300多年历史，但我在省、市的图书馆、档案馆都翻不到关于紫南的记载，目前在村委会能找到的关于村历史的记载，只有自20世纪50年代到2003年的十几页回忆记录，我觉得很可惜。一个村委会、一个家庭、一个人，能留下些什么给后人？我觉得应当是村史以及良好的家风村风。

历史是文化传承的重要载体。全国文明村、中国最美村镇、全国十佳小康村……紫南村如今早已是鼎鼎大名、如雷贯耳。但真正深入了解紫南发展史的人会发现，尽管紫南村2007年以后的历史记载详尽、脉络清晰，但2007年以前的紫南史却鲜有文字资料记载，特别是紫南的历史典故、演变脉络，几乎是一片空白。而在紫南村产业、生态、组织振兴早已领先于时代的当下，文化振兴的需求越来越迫切。

紫南村开村于明代中后期，至今有着300多年的历史，但在册的文献记载并不多。紫南村曾派专人到广东省、佛山市的图书馆、档案馆及地方志办等单位查询，找到的有关紫南村的记载微乎其微，仅在村委会的档案中找到一些历史记载，但也只有自20世纪50年代到2003年的十几页记录。

“以前的文化，若干年以后就可能是文物。如果我们这代人还不重视，再过个十几二十年，我们的后代就真不知道紫南以前发生过了什么。所以，我们要写一份村史。”潘柱升坦言，尽管由于年代久远，紫南村史追溯不到两三百年前，但起码要从新中国成立前后开始记录，还原一份近100年来的紫南记忆。

“我们要把有价值的活的历史保留下来，为我们的子孙后代留下珍贵的精神财富，同时也丰富我们紫南村的文化内涵。”紫南村文化顾问姜美珍说。

盛世修史。2019年12月，紫南村委会正式启动《紫南口述史》的编撰工作。截至2020年6月，编撰小组走访了紫南下属15个自然村20多位75岁以上的村民，从这些普通人口中记录打捞紫南的变迁记忆。

《紫南口述史》的编撰也为紫南村正大力发展的文旅产业注入内涵。在接受采访的过程中，潘广荣特意给潘柱升写了一封信，建议紫南村发展旅游业可以在紫南故事上“做文章”，把故事开发、利用、转化为旅游资源，并打造出相应的景点吸引游客。潘广荣还一丝不苟地写下几个紫南村的传说，并用不同颜色的笔标注出这些故事的亮点。这背后是一位八旬老人为紫南文化事业的发展努力做贡献的赤诚之心。

在编撰团队的努力下，一幅幅紫南村曾经的生活图景再次展现在世人面前。图景的主角是修表匠、赤脚医生、小学老师、大队会计等普通村民。目前口述史采访工作已完成，正开展细致整理和审读，预计2021年正式成书面世。

编撰《紫南口述史》记录、传承乡村记忆，是紫南村传承传统文化，涵养家风乡风的举措之一。在“文化立村、文化兴村、文化强村”的思路提出后，紫南村的文化建设得到了大发展。硬件方面，紫南村建立了紫南赋文化广场、充美村民小组文化景观、村头村民小组文化景观、“仁善文化”长廊、“紫南三馆”、紫南文化园等；软件方面，紫南村拍摄微电影《紫南•仁善之村》，谱写村歌《紫南奋进曲》《紫南美》，编辑画册《仁善紫南》，开展美德系列评选等，让村民心有所栖，情有所寄。

《紫南口述史》撰写小组成员到老人家中，听他们讲述过去的紫南故事

69.如何让农村文化生活红红火火、乡里关系和和气气？

随着农村生活水平日渐提高，现有的农村文化生活已经不能满足人们日益增长的精神文化需求。“早上听鸡叫，白天听鸟叫，晚上听狗叫”成为广大农村生活的真实写照。农村文化生活过于单一、贫乏，许多富裕的农民在精神文化上得不到满足，容易沉迷于低俗和消极的文化活动中。

紫南村也一度面临这样的问题，随着分红收入的增加和福利制度的完善，有的村民终日无所事事。紫南村深知不能只顾“富口袋”，而忽略了“富脑袋”，2016年以后大力加强文化建设，除了兴建优质的文化硬件设施，还组织丰富多彩的文化活动以充实村民的精神世界。紫南村的文化生活是如何红火起来的？多姿多彩的文化生活又会为乡村人际关系带来哪些改变？

> 文明建设，是改掉人的陋习、提高人的素质的一项庞大工程。这个大工程，仅有三五年还看不出效果，它是潜移默化、润物无声的，会一点一滴地改变人，需要十年八年甚至二三十年才能看到成效。

有了一流的文化场所，紫南村的文化活动完全可以用“红红火火”来形容。

从元旦开始，紫南村就举办迎新年长跑活动，报名参赛的运动员多达2000多人，观众人数多达上万人，这样的活动，寓意全体紫南人以奋进的姿态跑进新的一年。

接下来，新年晚会、“三八”节知识竞赛、村级运动会、开笔礼、千人朗诵祭孔文、“9•28”系列美德人物事迹分享晚会等等，一个小小村庄，文化活动异彩纷呈，令人赞叹。

最令村民印象深刻的是2016年，上千村民齐聚紫南赋文化广场诵读《紫南赋》的场景。为发挥文化引领的价值，紫南村邀请中国辞赋学会著名辞赋作家来紫南调研采风，深入生活，撰写出反映紫南历史和当代巨变的《紫南赋》，并建成紫南赋文化广场，将《紫南赋》镌刻于广场中间的石碑，供村民诵读、游客赏析。

“悠哉紫南，振起粤中。昔年苦涩，今者昌隆……”当晚，紫南村举行庆祝建党95周年暨“仁善紫南”文化艺术年启动文艺晚会，广场上华灯争放，鼓乐舞动，紫南村村民和企业员工近万人齐聚广场，由村民、学生、企业员工、“新紫南人”组成的千人演出队齐诵《紫南赋》，汉服飘逸，嗓音洪亮，声动八方，展示了紫南“两个文明”建设的丰硕成果，呈现出幸福的紫南人昂扬向上的精神风貌和爱党爱国的满腔热情。

在禅城区140个村居里，紫南村的文化“村晚”最为出名，无论是举办数量还是质量都拔得头筹。通过晚会的形式能够让更多村民和“新紫南人”参与到文化建设中来。紫南村平均每年举办三至五台大型晚会，宣传美德人物，树立村民楷模，每年累计参与人数达1.5万人次。紫南村共有6800多村民，相当于每名村民每年看了两次以上文化“村晚”。

除了丰富多彩的文化活动，紫南村还集结了一支充满活力的文化队伍。

2016年12月25日，紫南村文体艺术联合会召开第一次代表大会，通过了《紫南村文体艺术联合会章程》。目前紫南村共成立了12个文体协会，现有会员450多人，由村民群众根据兴趣爱好自发开展的小规模文化活动，极大地丰富了村民的休闲生活。

村委会为每个协会安排了固定活动场所和每年2.4万元的活动经费，紫南舞蹈协会、紫南曲艺社等协会还代表佛山斩获全省大赛奖项，并被邀请到广州等地表演。

文化活动的红火不仅让村民的生活有了有益身心的寄托，也如春风化雨润物细无声。2019年，庆祝新中国成立70周年之际，紫南村举办“颂歌献中华”歌咏大赛。台上，840多名村民25支参赛队伍，以合唱比赛的形式齐声歌唱，表达对祖国的热爱；台下，观众挥动手中的小五星红旗，摇旗助威，全场掀起一片红色波浪。

时任紫南村党委副书记潘笑颜回忆，当时为了筹备这次合唱比赛，参赛村民每晚都集中起来练歌，在这过程中，大家抛弃私心杂念，专心致志。“我们突然发现，大家的精力转移到这里后，此前村民聚在一起讲八卦说是非的现象少了很多。”

现在紫南村基本做到了“天天有广场舞，周周有比赛，月月有节目，年年举办运动会”。“以前在农村，乡邻之间有时为了小事也会引起争执，现在村民每天闲暇时都聚在一起，忙着积极参与各类活动，不仅不会因小事争吵，日常更加礼让，你送我几块自己做的点心，我分你一点自家种的菜，其乐融融。”村民潘姨认为，文化活动已经成为村中人际关系的“润滑剂”。

70. 怎样让一个好人带出一群好人，让一群好人温暖一座乡村?

乡风文明建设既是乡村振兴的重要内容，也是乡村振兴的重要推动力量和软件基础。农村有不少看似鸡毛蒜皮的小事，如果处理不慎，容易激化矛盾，进而成为影响农村基层稳定的新隐患、新问题。

以前在紫南村，乡邻之间有时为了小事也会引起争执。自紫南加强精神文明建设后，村民深知“远亲不如近邻，近邻不如对门”的深意，积极参与并自发对标榜样，素质大大提高，不仅不会因小事争吵，还会日常互赠礼物，相处和睦。

此中，紫南村如何促进这种乡风文明的改变？如何让一个好人带出一群好人，让一群好人温暖一座乡村？如何通过乡风文明建设，找到乡村振兴之“魂”？

> 一个好人可以影响一群人，一群好人可以温暖一座城市，一种好的风气可以滋润一片土地。留下好的家风村风，好过留下亿万资产。榜样的力量在塑造乡村德治秩序中发挥着至关重要的作用。紫南村通过“身边人讲述身边事，用身边事教育身边人”，推动“仁善文化”内化于心，外化于形，实化于行，以形成仁善的家风乡风民风。
>
> 小小紫南，却涌现出众多好人善事，彰显着一个仁善之村的精神力量和文明新高度，展示了“做好人行善事，走前列当表率”的紫南精神，诠释着“仁善紫南”的内涵。

作为全国文明村，从2015年开始，紫南村就提出建设“仁善紫南”，大力培育“仁善文化”，树典型、立标杆，引导村民崇德向善。

身为紫南村的领头雁，潘柱升本身就是乡村好人的典型。13年前，在贵州经营专业市场，生意风生水起的潘柱升毅然放下正在上升期的事业，回家乡紫南村推动乡村善治，带领村民迈向共同富裕，让紫南村从“大乱”到“大治”，实现从落后村、上访村向小康村、明星村的蜕变。

回村任职以来，潘柱升承诺不拿村委会一分钱工资，被村民称为“义工村官”。其应得工作报酬全部捐出用来设立“书记基金”，奖教奖学和扶危济困，累计捐赠金额达150多万元，资助困难群众200多人次。潘柱升本人也先后获得“南粤楷模”“广东省百名优秀村（居）党组织书记”“中国好人”“全国模范退役军人”“全国优秀共产党员”“全国创业之星”等众多全省乃至全国荣誉。

在潘柱升身体力行的榜样带动下，2016年，紫南村开展首届“仁善紫南”系列美德人物（家庭）评选活动，评出“十大孝子”“十大好媳妇”“十大健康长寿老人”“十大仁善家庭”“十大优秀‘新紫南人’”等一系列先进人物、单位或集体。

一个村为何要开展美德人物评选活动？潘柱升认为，榜样的力量在塑造乡村德治秩序中发挥着至关重要的作用。美德人物评选为推动“仁善紫南”建设不断深入、前进的重要动力。

如今在紫南，一个个好人群体正在涌现：罗凤桂家庭、黎转仪家庭获评“禅城区第三届最美家庭”；村民潘容和被评为“最美佛山人”，村民廖建财被评为“南庄好人”；紫南村志愿者杨心禅荣获2020年度“禅城好人”称号……“不做仁善事，枉为紫南人”已深入人心，“做好人行善事，走前列当表率”已成为紫南精神。四年来，紫南村累计评出美德模范达到100多名（户），树立了乡风文明典型，形成了榜样的力量，激发更多村民跟着学、照着做。在仁善之风的吹拂下，美德人物持续涌现，成为传递紫南仁善精神的榜样。

紫南村的“仁善文化”不仅深刻影响着村民，也感染了外地人。2017年9月，云南佤族姑娘魏月董，不远千里回到佛山，主动缴清医疗欠款的诚实守信行为，感动了佛山，感动了全国亿万网民。而当初治疗魏月董的佛山岭南医院，不顾魏月董交不起医疗费而竭尽全力救治的医者仁爱精神，赢得了全社会的高度赞赏。

作为这件好人好事的发生地，紫南村一直密切关注此事的进展。

在魏月董还款后，紫南村党委通过佛山岭南医院了解到这一情况，马上组织召开村“两委”会议和“书记基金”、村慈善会会议，决定对魏月董伸出援手——其后续医疗费用，在大医保报销后的个人自费部分，或没有大医保的全部自费部分，由紫南村“书记基金”和紫南村慈善会给予解决。

紫南村还承诺，魏月董经治疗痊愈后，如其夫妇愿意留在紫南村，村委会将负责安置二人就业；魏月董的孩子如符合紫南幼儿园招生条件，紫南村也可帮助其孩子解决入学问题。

“不管治疗费多少钱，我们都要帮助小魏渡过难关。”潘柱升表示，紫南村将竭尽所能帮助魏月董夫妇渡过难关，让他们共享紫南村改革与发展的成果。

紫南村，这个连空气土壤、花草树木、河涌小溪都浸透了“仁善文化”氛围的“好人之村”，用人间大爱，为这个最需要解决实际问题的家庭，送去了一份最有实际意义的温暖。

一个好人可以影响一群人，一群好人可以温暖一座城市，一种好的风气可以滋润一片土地。在潘柱升看来，留下好的家风村风，好过留下亿万资产。榜样的力量在塑造乡村德治秩序中发挥着至关重要的作用。紫南村通过“身边人讲述身边事，用身边事教育身边人”，推动“仁善文化”内化于心，外化于形，实化于行，以形成仁善的家风乡风民风。

紫南村村民廖爱好荣获“最美佛山人”称号

紫南村资助魏月董（左）后续医疗费，并帮助其夫妻解决就业

◎ 点评

乡风文明是乡村振兴的重要目标之一。在珠三角乡村发展过程中，一些村庄快速城镇化，物质财富得到极大的丰富，在“富了口袋”的同时，却“空了脑袋”，面对公共文化的荒漠，村庄也就陷入了一种“财富的陷阱”。

有鉴于此，紫南村以“文化立村、文化兴村、文化强村”为目标，不仅满足村民日益增长的公共文化需要，而且为乡村治理打下坚实的文化基础。这种文化基础集中表现在“德治”，自治是基础，法治是保障，德治是支撑，自治、法治和德治“三治结合”构成乡村治理的有机整体。相比于基于制度形态的自治和法治，德治更多地体现为一种软性治理，将伦理道德等融入个人的行为规范之中，让个人能够更加自觉地遵守道德律令，而不需要外在的约束，进而达到一种良善之治。

一方面紫南村着力改变村民的一些不文明老习惯，避免村民“习惯成自然”，另一方面将文明行为上升为公共行为，以前村民把不文明行为当作个人行为，并没有意识到公共空间里个人行为的问题。紫南村为了规范村民公共空间的不文明行为，制定《紫南文明行为守则》，并采取各种措施来培育文明乡风，更进一步升华为“仁善紫南”。

紫南村着力打造的“仁善紫南”不仅是一种简单的公共文化建设，更是对村庄公共精神的重塑，通过村民评选一系列的道德人物，将仁善之风融入乡村治理，潜移默化地改变紫南村整个乡村治理的社会生态和文化生态，久而久之将深刻改变乡村治理中最为重要的主体——人，最终实现“以文化人”。

紫南村涌现出各种好人好事，正是源于这种“仁善文化”所释放出来的精神力量，它看似微小却可以改变整个村庄，看似平凡却蕴含着善良的灵魂，我们可以确信的是“仁善紫南”建设所塑造的具有紫南人特质的“仁者爱人，善者善治”的精神已经深深地扎根在紫南这片土地上。因此，近年来，紫南村不断涌现着具有仁善精神内核的感人故事。

——华中师范大学中国农村研究院助理研究员任路

附 录

紫南村大事记

明代

紫南开始有人群定居。

1490年（明弘治三年）

紫南尚塘人罗列（字天爵）考中进士（第十一名），是南庄镇历史上第一个进士。

1785年（清乾隆五十年）

朝廷增设督捕厅，在各都设置巡检司。紫南当时属绿潭堡，村头、澳边、尚塘、流滘、高田均属绿潭堡辖区。

1888年（清光绪十四年）

陆满出生于紫南村。1917年任大元帅府军事委员会委员。1926年任国民党革命军第五军十六师一团团长。1936年9月授陆军少将。抗日战争时期任第三战区兵站副监。1939年秋任广东游击区第一纵队司令。1945年任军事委员会广州军事特派员公署少将高级参议。1946年任广东省参议会议员。中华人民共和国成立后，任广东省政协委员。

民国

紫南先后隶属石扶乡、紫石乡、紫罗澳乡，先后属于当时民国政府划分的广东省南海县第六区、第四区。

1953年

南海县设置第十二区（现南庄镇），划分九个乡，紫南是其中之一。

1958年

南庄公社成立，紫南村当时称紫南大队。

1976—1979年

紫南村实现公路、照明、供水三通。

1983年

撤社改区，紫南大队变为紫南乡。

1987年

撤区建镇，紫南乡改为紫南管理区办事处。

1988年

紫南村普及九年义务教育。

1989—1990年

紫南村第一个工业开发区设立。

1998年

紫南村普及高中教育。

1999年

4月，撤销紫南管理区办事处，成立紫南村民委员会，经全体村民选举产生了第一届村民委员会。

2000年

紫南村实行产权制度改革。

2002年

5月，紫南村在重点路段设置交通信号灯，成为南庄镇最早设置交通信号灯的村。

10月1日，紫南村为20岁以下的村民统一购买了商业医疗保险，开南庄镇为村民全面购保的先例。

10月25日，恒业陶瓷厂以举牌形式公开向社会招标拍卖。

2004年

7月1日起，按照上级规定全部取消农业户口，实行佛山地区内的户口性质迁移限制政策（即取消原非农业户口不能迁入的限制）。

2007年

南庄镇党委、政府开风气之先，于外出企业家中觅求村干部，充实村“两委”。企业家潘柱升致富不忘乡亲，在事业蓬勃发展之时毅然回乡当村干部，带领村民脱贫致富，实现全村经济和社会飞速发展。

2008年

5月8日，南庄医院紫南社区卫生服务站挂牌开业。

6月3日，紫南村行政服务中心成立，成为南庄镇第三个村级服务中心。

2009年

5月15日，紫南首个老人活动中心建成，正式对外开放。

2010年

1月9日，紫南全体村民表决通过《紫南村集体经济组织股权内部流转及配购方案》。

3月15日，紫南在南庄镇第一个完成股权固化改革，成为股权固化改革的示范。

8月3日，紫南被评为“广东省A级卫生村”。

2011年

7月1日，紫南全民享受新合作医疗，村民4元可门诊看病，400元可住院治疗。

9月6日，紫南被推荐成为省级“学习型党组织建设示范联系点”。

2012年

3月21日，佛山市易运南庄物流园建设工程在紫南举行奠基仪式。

4月19日，紫南党支部荣获“广东省学习型党组织建设示范联系点”荣誉称号。

6月28日，紫南党支部荣获“广东省创先争优先进基层党组织”荣誉称号。

2013年

1月10日，紫南正式引入社工机构，更好地服务广大村民。

3月13日，紫南荣获“全省民主法治示范村”称号。

6月10日，南庄镇第二届生态美食节在紫南美食城盛大举行。

2014年

1月20日，紫南村第六届村委会换届工作顺利完成。

12月27日，举行紫南文化中心成立暨广东省楹联书画创作基地授牌仪式。

2015年

1月10日，禅港西路季华路南段建成通车。

1月20日，紫南高田、流滘两村安置房完工。

2月，紫南村雨污分流一期工程完成，污水管网接驳到南庄镇属污水处理厂，成为南庄镇首个实现雨污分流的村。

7月1日，紫南村联合党委暨中共南庄镇紫南村委员会正式挂牌成立。

9月26日，经全体村民公开投票通过，紫南村完成第二次股改。

11月25日，紫南正式获得“广东名村”荣誉称号。

2016年

5月5日，紫南正式入选第九届“中国十佳小康村”。

6月7日，紫南庆祝建党95周年暨“仁善紫南”文化艺术年启动仪式盛大举行，千名紫南村村民齐诵《紫南赋》。

7月1日，紫南村党委书记潘柱升被中共中央授予“全国优秀共产党员”称号。

11月，紫南村党委书记潘柱升当选“中国好人”。

2017年

5月2日，紫南文体艺术中心正式投用。

8月18日，清华大学人文学院余海生老师及其带领的研究生与紫南村党委书记潘柱升就紫南发展问题进行深入探讨。

8月21日，紫南村与东方好莱坞控股有限公司正式达成战略合作协议。

11月8日，紫南村荣获由广东省精神文明建设委员会颁授的“广东省文明村”牌匾，成为佛山市禅城区唯一获此殊荣的村。

2018年

3月12日，紫南村正式启动创建国家3A、4A旅游景区项目建设。

4月3日，广东省爱国卫生运动委员会授予紫南村“广东省健康乡村建设示范村”称号。

4月4日，紫南村获评“档案工作目标管理省特级单位”。

7月3日，中央广播电视总台军事农业频道、新疆电视台《致富田园》栏目、浙江电视台公共新闻频道、山东电视台、内蒙古电视台等十几家涉农电视媒体、佛山八家媒体齐聚紫南村，报道乡村振兴“紫南样本”。

8月13日，紫南村党委书记、村委会主任潘柱升荣获首届“廉洁佛山年度人物”称号。

10月18日，紫南村党委书记、村委会主任潘柱升赴京做客中国文明网《40人对话40年》高端访谈。

2019年

2月22日，瓦努阿图共和国副总理一行莅临紫南村参观考察。

3月15日，在全国两会召开之际，《中国经济周刊》刊登了《紫南村：乡村振兴的基层实践样本——一个贫困村如何蝶变“全国文明村镇”》的特别报道。

5月3日，紫南文化园首届旅游节开幕式暨吴信坤雕塑作品揭幕式以及紫南特色民宿洛神云筑签约仪式隆重举行。

6月12日，“读万卷书 行万里路”华夏青少年研学营落户紫南，标志着紫南村成为该项目在佛山市的唯一挂牌单位。

6月26日，紫南村召开全体村民会议，以98.67%的赞成率通过《紫南生态园土地出租方案》。

7月1日，紫南村党委书记、村委会主任潘柱升荣获广东省“百名优秀村（社区）党组织书记”称号。

7月16日，紫南村入选2019年佛山市首批乡村振兴建设示范村。

8月1日，紫南村党委书记、村委会主任潘柱升被评为“全国模范退役军人”。

8月3日，紫南村选举产生第一届纪律检查委员会。

9月10日，潘柱升荣获“中国家具行业杰出贡献”奖。

9月25日，紫南村入选首届“广东省十大美丽乡村”。

9月28日，紫南村举行千人朗诵祭孔文、千人齐唱《我和我的祖国》，迎接新中国诞生70周年暨第四届美德人物事迹分享盛大文艺晚会。

10月24日，佛山市禅城区南庄镇委党校（紫南校区）正式揭牌成立。

12月22日，紫南村被中国互联网新闻中心评选为“新时代·中国最美乡村”，潘柱升荣获“新时代·中国乡村振兴贡献人物”称号。

12月28日，紫南村与佛山市安东尼国际有限公司举行项目签约仪式，将在紫南村引进一座市内领先、省内一流的标准化、现代化、国际化中学。

12月31日，紫南村获中央农办、农业农村部、中央宣传部、民政部、司法部等五部委联合颁发的“全国乡村治理示范村”称号。

2020年

1月1日，南庄镇“粤菜师傅”美食集聚区推介会在紫南村举行。

1月8日，吴信坤艺术馆新馆志庆活动在紫南村举行。

1月23日，佛山市旅游景区质量等级评定委员会批复同意禅城区紫南文化园为“国家AAA级旅游景区”。

1月28日，紫南村召开新冠肺炎疫情防控专题工作会议，正式打响疫情防控阻击战。

5月12日，岭南标杆警务室在紫南村正式挂牌。

5月20日，由中共广东省委农村工作办公室、广东省农业农村厅、广东广播电视台共同主办的全国首档乡村振兴主题综艺节目《乡村振兴大擂台》在紫南村正式开机拍摄。

5月，紫南村被国家文化旅游部确定为“国家级文化和旅游公共服务机构功能融合试点单位”。

5月，紫南村荣获国家减灾委员会、应急管理部、中国气象局、中国地震局联合颁发的“全国综合减灾示范社区”称号。

5月26日，2020年多彩乡村主题教育实践活动启动会在紫南云发布。

7月1日，石邱村民小组党支部荣获“佛山市模范党支部”称号。

7月，紫南村帮助信义女子魏月董解决了9.5万元后续医疗费用，帮助其丈夫实现就业，并为他们妥善安置住宿。

7月21日，广明高速桥底停车场项目正式施工。

8月6日，佛山市社会科学普及示范基地在紫南文化园正式挂牌。

8月22日，紫南村参加了在北京举行的由《小康》杂志社主办、清华大学社会治理与发展研究院提供学术支持的2020中国社会治理与全面小康研讨会。

8月28日，紫南村夺得广东省“乡村振兴大擂台五强村”奖牌。

9月2日，广东省环境教育基地在紫南村正式挂牌。

9月10日，佛山市实施乡村振兴战略推进会在紫南村举行。

9月16日，潘柱升出席全国退役军人村干部决战脱贫攻坚和推进乡村振兴交流会，并在大会上介绍经验。

9月19日，第四届佛山（禅城）旅游文化周暨紫南文旅嘉年华盛大开幕；由《小康》杂志社主办的“全域旅游•乡村文旅发展研讨会”在紫南村举行。

9月22日，佛山市“农民丰收节”在阿农湾农耕文化园盛大开幕。

9月22日，紫南村第五届美德人物事迹分享晚会顺利举行。

10月16日，紫南村获得佛山市2020年第三季度农村人居环境整治专项检查奖励资金100万元。

10月23日，禅城区委研究决定，在全区农村党组织开展对标紫南村，学习“紫南模式”的活动。

11月14日，紫南村召开全体村民股东大会，表决通过了《紫南村集体经济组织章程修正案（草案）》，通过率达到99.90%。

11月19日，南庄镇农村党组织学习“紫南模式”专题动员会在紫南新时代文明实践站大讲堂举行。

11月26日，紫南村获中宣部办公厅、文化和旅游部办公厅、国家广播电视总局办公厅联合颁发的全国“农家书屋和基层图书发行单位先进集体”称号。

紫南村重要荣誉

2012年

获司法部、民政部授予的“全国民主法治示范村”称号。

获广东省民政厅授予的“广东省村务公开民主管理示范村”称号。

入选广东省建设学习型党组织工作协调小组“广东省学习型党组织建设示范联系点”。

获广东省委组织部授予的“广东省创先争优‘南粤先锋’先进基层党组织”称号。

获广东省司法厅、民政厅授予的“全省民主法治示范村”称号。

获广东省住房和城乡建设厅授予的“广东省宜居示范村庄”称号。

2014年

获国家认证认可监督管理委员会、商务部授予的“国家级绿色市场”称号。

获中国计划生育协会授予的“人口和计划生育基层群众自治示范村居”称号。

入选广东省人力资源和社会保障厅“广东省创建充分就业村标准单位”。

2015年

被广东省委农办、广东省住房和城乡建设厅评定为“广东名村”。

2016年

获国家工商总局授予的“全国2014—2015年度诚信示范市场”称号。

获中共广东省委授予的“广东省先进基层党组织”称号。

获中央精神文明建设指导委员会授予的“全国文明村镇”称号。

入选农民日报社评选的“中国十佳小康村”。

2017年

获《第一财经》、中央人民广播电台评选的“2017中国最美村镇”社会责任奖。

获广东省卫生和计划生育委员会授予的“广东省健康促进示范村（居）”（2016—2018年）称号。

获广东省文明办等六个部门授予的“广东省交通安全文明示范村”称号。

获广东思想政治工作研究会授予的“全省基层思想政治工作先进单位”称号。

入选广东省精神文明建设委员会评定的“广东省文明村”。

入选广东省文明办、广东省妇联评定的“广东省家庭文明建设示范点”。

获广东省文明办、广东省综治办授予的“广东省平安家庭建设示范村”称号。

2018年

获广东省爱国卫生运动委员会授予的“广东省健康乡村建设示范村”称号。

2019年

被中央农办、农业农村部、中央宣传部、民政部、司法部共同认定为“全国乡村治理示范村”。

入选首届“广东十大美丽乡村”。

入选佛山市第一批“乡村振兴示范村（居）”。

2020年

入选“2020年度中国全面小康乡村振兴十大示范村镇”。

被国家文化旅游部列入“国家级文化和旅游公共服务机构功能融合试点单位”。

紫南文化园获授“国家AAA级旅游景区”称号。

被中国旅行协会授予“全国研学旅行基地（营地）”资质。

被中央宣传部、文化和旅游部、国家广电总局联合评选为全国“农家书屋和基层图书发行单位先进集体”。

获“广东省环境教育基地”称号。

入选广东省“乡村振兴大擂台五强村”。

后 记

在佛山512条行政村中，紫南村算不上历史最悠久的村，但却是当代最值得大书特书的村庄之一。可以说，紫南开村300多年来的繁华兴盛造极于今。

从落后村、脏乱村、上访村到先进村、示范村、模范村，紫南仅用了13年时间就实现了从“大乱”到“大治”的飞跃，紫南村的华丽转身，不仅吸引了各方各级媒体争相报道关注，更成为国家、省、市、区、镇各级政府以及农村干部争相考察学习的对象。

为什么在漫漫历史长河中并不显山露水的一个小村庄，却在最近13年间开创出前所未有的辉煌？对于这一问题，目前有关紫南村的公开报道很多，也有一些书籍出版，无论是对“义工村官”潘柱升从贵州回来，带领村民建设家乡开启翻天巨变的传奇叙述，还是对紫南村这些年来获得的发展成就的梳理，都颇为详尽。但从整体来看，这些文字大多停留在故事化和碎片化的记载，缺少系统性的整理，并不足以对上述问题作出深刻的回答。对紫南村乡村治理的经验、紫南经验之于珠三角乃至全国乡村振兴的意义，也尚未有深入的总结提炼。

2020年是紫南村“两委”班子的换届之年。对上一任班子走过来的风风雨雨、经验得失、成就探索，进行全面的梳理总结，也有助于传承推动下一届班子的工作。为此，在禅城区委、区政府的关心支持下，禅城区农业农村局、紫南村“两委”联合南方日报社组成团队，编撰《为什么是紫南？——乡村治理“紫南模式”70问》一书。

我们对于这本书的定位是：既是紫南村13年乡村治理的经验的总结，也是面向广大农村干部传播推广的读物。一方面追求“故事性”，希望将紫南村13年来从“乱”到“治”的生动细节，全面地向世人公开展示，以提升本书的“悦读感”；另一方面兼具“思想性”，从一个个故事中提炼出对乡村振兴有启发的经验。

为了编撰好这本书，我们搜集翻查了紫南村大量资料档案，参考了《紫南报》《义工村官潘柱升传奇》《乡村治理的紫南智慧》等现有的书刊，开展田野调查，走访和座谈了数十名区镇相关部门负责人、村“两委”干部、村民代表、企业代表及外来务工人员。此外，我们还有幸邀请到国内研究农业农村、基层治理的专家学者到紫南村实地调研考察，并为紫南经验的总结和本书的编撰，提供方向指引和点评。

编撰此书过程中，恰逢紫南村参加由中共广东省委农村工作办公室、广东省农业农村厅、广东广播电视台共同主办的全国首档乡村振兴主题综艺节目《乡村振兴大擂台》，这一期间发掘打捞出的乡村治理的案例以及紫南村勇于与全省先进村切磋学习的精气神，也为本书提供了有力的素材支撑。

与之前出版的有关紫南村的书不同，本书以问题为导向，将紫南村13年来乡村治理的故事以70个问题的形式来呈现，其背后又指向中国乡村治理中的共性难题，核心是要回答为何紫南村能解决乡村治理的难题，紫南村的破题又对其他乡村有何借鉴启示意义。

用紫南人的话来说，这13年来探索实践的经验一言以蔽之就是：一个好班长带出一个好班子，建设一个好乡村，带领村民过上好日子。在党的号召和指引下，潘柱升抛弃个人得失，以夙夜在公、奋斗有我的奉献精神，赢得上级党委的支持和广大党员及村民群众的敬重和信赖。潘柱升通过党建引领加强班子内部建设，以“非权力影响力”的人格魅力，带动村“两委”干部用心用力用情为村民服务；以制度化建设和流程化管理规范村庄发展的大小事项；在法律法规允许的范围下，用乡土社会自适的逻辑去思考发展中的问题，用合乎法律和道德的手段破解这些痛点和难题；在兼顾长远和当下的考量中，做好发展成果的利益分配，形成共建共治共享乡村治理格局。

放之于中国乡村振兴的大视野来看，党的十九大报告中提出：“加强农村基层基础工作，健全自治、法治、德治相结合的乡村治理体系”。党中央也多次强调，实施乡村振兴战略不能光看农民口袋里票子有多少，更要看农民精神风貌怎么样，提升乡村社会文明程度。在乡村振兴中，如何推进自治、法治与德治的结合，既要“口袋鼓”也要“脑袋富”？紫南村已经交出了一份很好的答卷。

如今，外地人走进紫南村，总会情不自禁地被干净整洁的村容村貌、守规矩懂礼貌的乡风所打动：村民见到远道而来的访客，往往笑脸相迎，主动挥手打招呼，并无矫饰，这是“三治结合”内化于心的文明和自信，在其他村庄并不多见。

火车跑得快，全靠车头带。在我国乡村治理的实践中，“能人治村”是一个比较普遍的现象。“能人治村”可以带领村庄快速崛起腾飞，但也面临着“人走政息”的问题。潘柱升说，他自己不可复制，但希望紫南村的发展能为其他乡村提供可复制、可推广的经验。本书将这些探索、经验整理提炼、汇编成册，正是希望能成为佛山、珠三角及更多地区农村干部案头的乡村治理参考工具书，为中国乡村治理提供镜鉴启示。

再次感谢华中师范大学教授、博士生导师徐勇，中国人民大学公共管理学院教授、博士生导师魏娜，中山大学马克思主义学院副教授、博士生导师童建军，华中师范大学中国农村研究院助理研究员任路等专家学者为本书的编撰提供帮助和指点。

由于编写者水平所限，书中难免存在疏漏和不足之处，恳请广大读者批评指正，以便再版时予以修正。

本书编写组

2021年6月